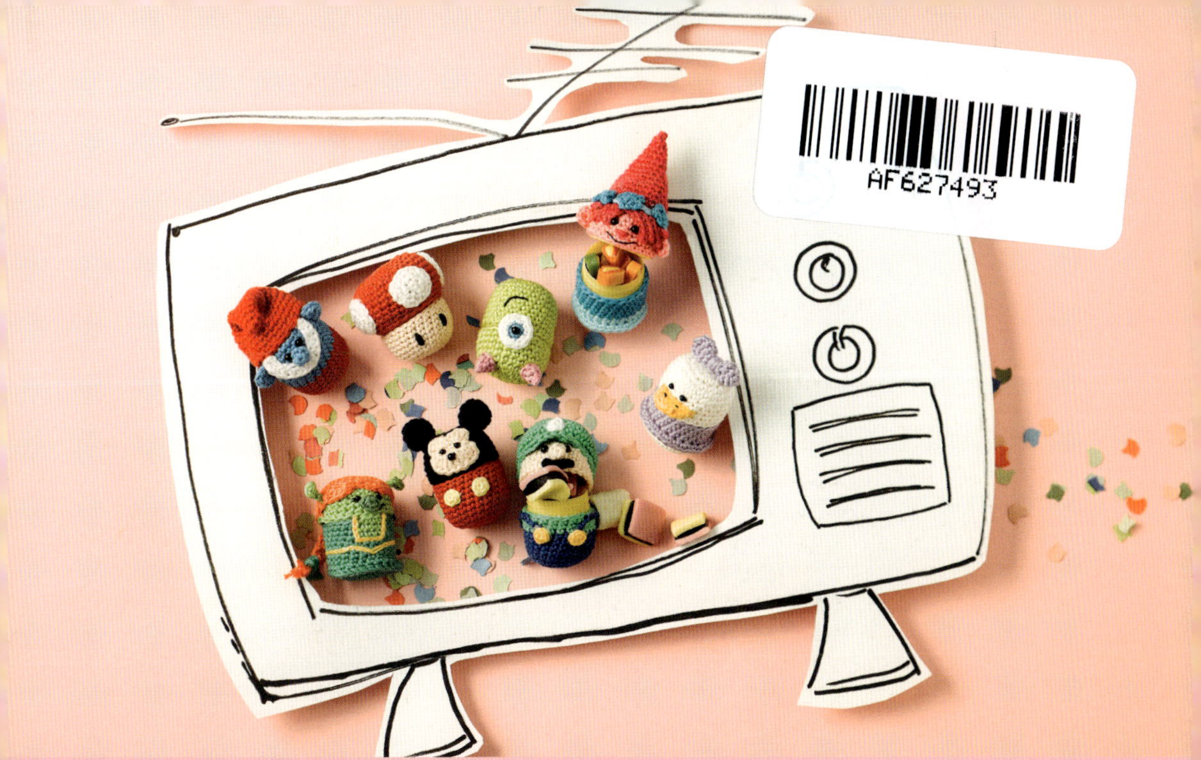

1,2,3 – hier kommt noch mehr witziges Eierlei zum Umhäkeln der Schokoei-Kapseln. Nach dem großen Erfolg der ersten drei Titel habe ich mir weitere tolle Motive für Sie ausgedacht. Dieses Mal mit unseren Lieblingshelden aus der Kindheit. Ein Muss für alle großen und kleinen Fans!
In Zukunft sollten Sie also die Kapseln der Schokoeier nach dem Essen der Schokolade und dem Zusammenbauen des Spielzeugs nicht in den Müll werfen, sondern sammeln, umhäkeln und in lustige Figuren verwandeln.
So entstehen mit wenig Material und Zeit Figuren zum Befüllen, Verschenken, Dekorieren und Sammeln, die immer gut ankommen und für Staunen sorgen.
Viel Spaß beim Häkeln wünscht Ihnen

Verträumter Bär

liebt Honig über alles

MATERIAL

- Schachenmayr Catania (LL 125 m/50 g) in Sonne (Fb 208) und Signalrot (Fb 115), je 50 g
- Häkelnadel 3,0 mm
- Stickgarn in Schwarz
- 2 Perlen in Schwarz, ø 3 mm
- Heißkleber

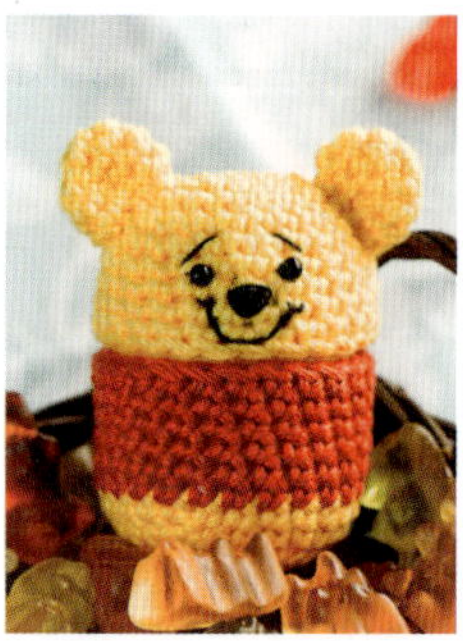

Anleitung

Alle Teile werden in Spiral-Rd gearbeitet.

Oberteil

In Sonne einen Magic-Ring anfertigen.
1. Rd: 6 fM in den Ring häkeln (= 6 M).
2. Rd: Jede fM verdoppeln (= 12 M).
3. Rd: Jede 2. fM verdoppeln (= 18 M).
4. Rd: Jede 3. fM verdoppeln (= 24 M).
5.-8. Rd: Jeweils 24 fM häkeln.
9. Rd: 23 fM häkeln. Mit 1 Km schließen.
Faden abschneiden und durchziehen.

Unterteil

In Sonne einen Magic-Ring anfertigen.
1. Rd: 6 fM in den Ring häkeln (= 6 M).
2. Rd: Jede fM verdoppeln (= 12 M).
3. Rd: Jede 2. fM verdoppeln (= 18 M).
4. Rd: Jede 3. fM verdoppeln (= 24 M).
5.-6. Rd: Jeweils 24 fM häkeln.
Faden abschneiden und durchziehen.
7.-11. Rd (Signalrot): Jeweils 24 fM häkeln.
12. Rd: 23 fM häkeln. Mit 1 Km schließen.
Faden abschneiden und durchziehen.

Ohr (2x)

In Sonne einen Magic-Ring anfertigen.
1. Rd: 5 fM in den Ring häkeln (= 5 M).
2. Rd: Jede fM verdoppeln (= 10 M).
3.+4. Rd: Jeweils 10 fM häkeln.
Faden lang abschneiden und durchziehen.
Das 2. Ohr ebenso häkeln.

Fertigstellen

Die Ohren zuerst feststecken und dann auf das Oberteil nähen. Die Perlen als Augen aufnähen und die Nase, den Mund und die Augenbrauen in Schwarz aufsticken. Ober- und Unterteil so an der Kapsel ankleben, dass der Verbindungssteg der Kapsel auf der Rückseite ist. Mit 4 Überwendlingsstichen Ober- und Unterteil über dem Steg zusammennähen. Alle Fäden vernähen.

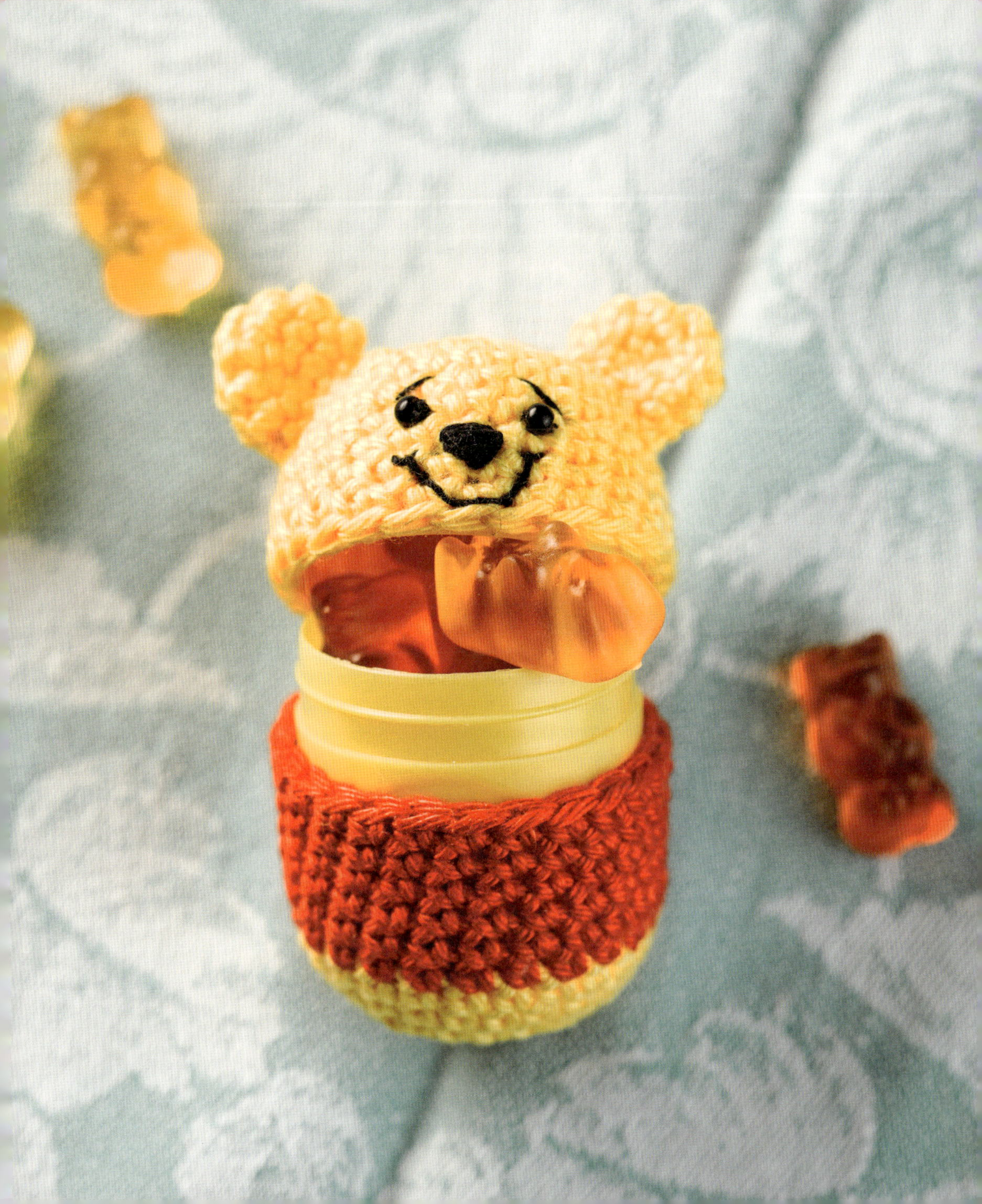

Gemütlicher Esel

treuer Begleiter

MATERIAL

- Schachenmayr Catania (LL 125 m/50 g) in Regatta (Fb 261), 50 g, in Flieder (Fb 226), Soft Apricot (Fb 263) und Schwarz (Fb 110), Reste
- Häkelnadel 3,0 mm
- 2 Perlen in Schwarz, ø 4 mm
- Stickgarn in Schwarz
- Heißkleber

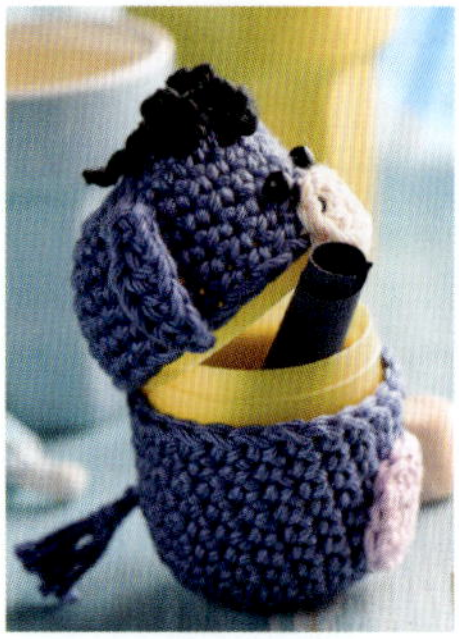

Anleitung

Alle Teile mit Ausnahme der Ohren werden in Spiral-Rd gearbeitet.

Oberteil

In Regatta einen Magic-Ring anfertigen.
1. Rd: 6 fM in den Ring häkeln (= 6 M).
2. Rd: Jede fM verdoppeln (= 12 M).
3. Rd: Jede 2. fM verdoppeln (= 18 M).
4. Rd: Jede 3. fM verdoppeln (= 24 M).
5.-8. Rd: Jeweils 24 fM häkeln.
9. Rd: 23 fM häkeln. Mit 1 Km schließen. Faden abschneiden und durchziehen.

Unterteil

In Regatta einen Magic-Ring anfertigen.
1. Rd: 6 fM in den Ring häkeln (= 6 M).
2. Rd: Jede fM verdoppeln (= 12 M).
3. Rd: Jede 2. fM verdoppeln (= 18 M).
4. Rd: Jede 3. fM verdoppeln (= 24 M).
5.-11. Rd: Jeweils 24 fM häkeln.
12. Rd: 23 fM häkeln. Mit 1 Km schließen. Faden abschneiden und durchziehen.

Nase

In Soft Apricot einen Magic-Ring anfertigen.
1. Rd: 2 fM, 2 hStb, 3 fM, 2 hStb, 1 fM in den Ring häkeln. Mit 1 Km schließen. Faden lang abschneiden und durchziehen.

Bauch

In Flieder einen Magic-Ring anfertigen.
1. Rd: 6 fM in den Ring häkeln (= 6 M).
2. Rd: 1 fM verdoppeln, 1 hStb verdoppeln, 2 fM verdoppeln, 1 hStb verdoppeln, 1 fM verdoppeln (= 12 M).
Faden lang abschneiden und durchziehen.

Ohr (2x)

In Regatta 8 Lm anschl.
1. R: Ab der 2. Lm ab Nd 1 fM, 1 hStb, 1 Stb, 1 hStb, 1 fM, 2 Km (= 7 M).
Faden lang abschneiden und durchziehen.
Das 2. Ohr ebenso häkeln.

Schweif

In Regatta 5 Lm anschl. Faden lang abschneiden.

Fertigstellen

Ohren, Nase und Bauch zuerst feststecken und dann aufnähen. Die Nase wird nur mit der oberen Hälfte am Oberteil festgenäht. Die untere Hälfte liegt über dem Unterteil und wird nicht festgenäht. Die Perlen als Auge aufnähen. Die Nasenlöcher mit Stickgarn in Schwarz aufsticken. Für die Haare 4 Fäden von 20 cm Länge in Schwarz an die Stirn knüpfen, so dass 8 Strähnen entstehen. In jede Strähne 4 Lm häkeln. 3 Fäden in Regatta von 5 cm Länge zuschneiden und ins Ende des Schweifs einknüpfen. Den Schweif am Unterteil annähen. Ober- und Unterteil so an der Kapsel ankleben, dass der Verbindungssteg der Kapsel auf der Rückseite ist. Mit 4 Überwendlingsstichen Ober- und Unterteil über dem Steg zusammennähen. Alle Fäden vernähen.

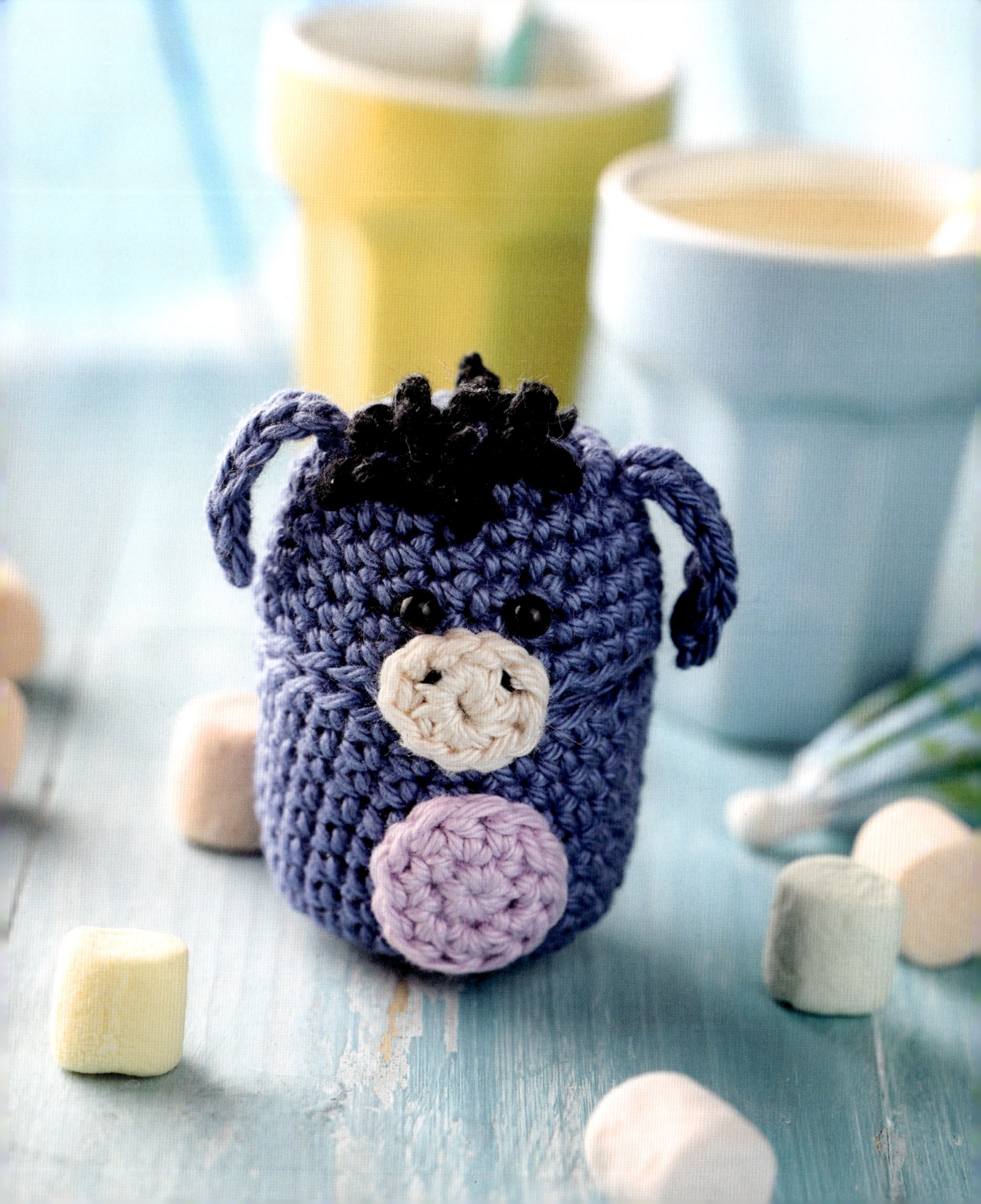

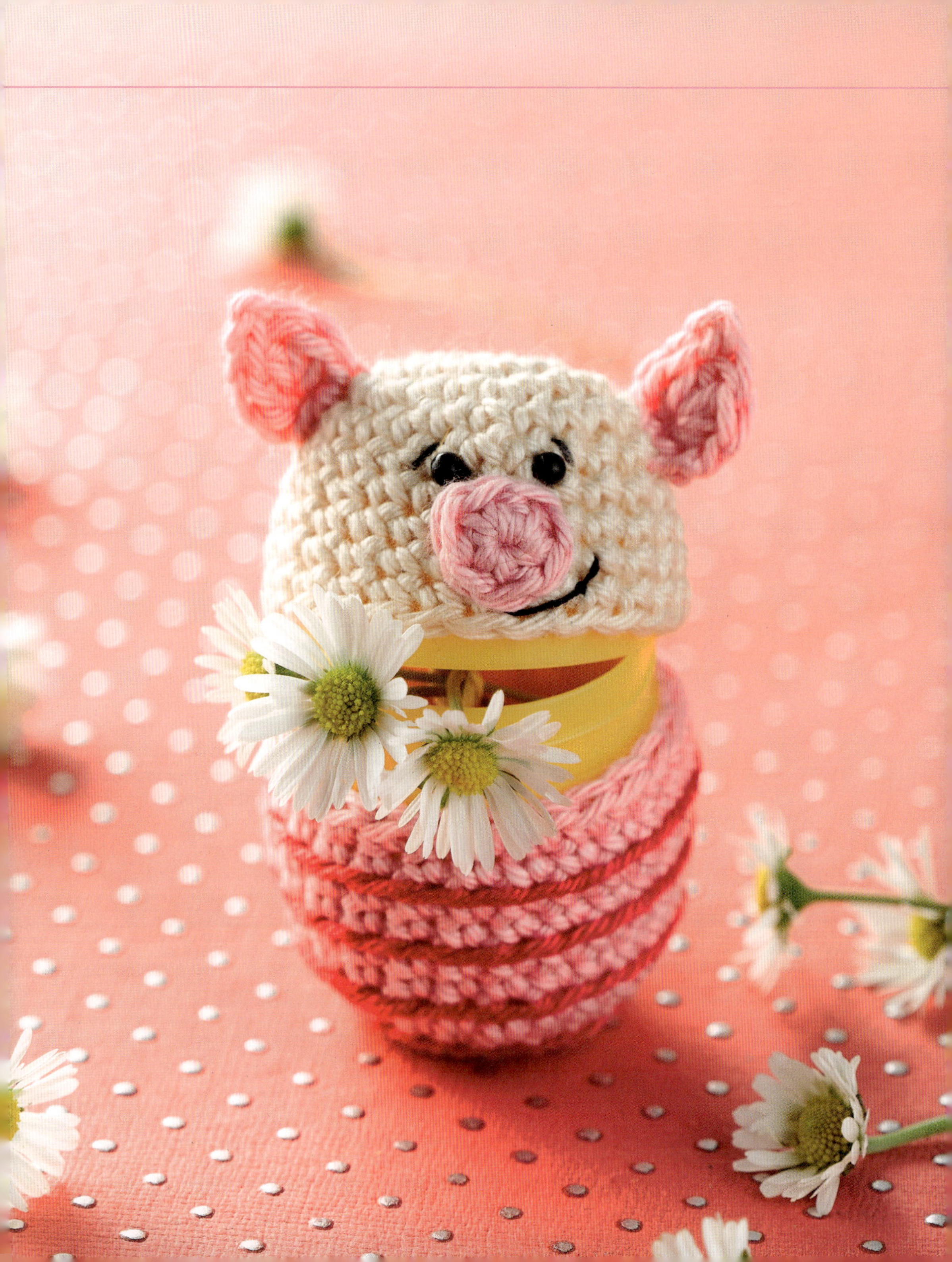

Schüchternes Schweinchen

bester Freund und Kumpel

MATERIAL

- Schachenmayr Catania (LL 125 m/50 g) in Soft Apricot (Fb 263), Orchidee (Fb 222), je 50 g, in Cyclam (Fb 114), Rest
- 2 Perlen in Schwarz, ø 3 mm
- Stickgarn in Schwarz
- Heißkleber

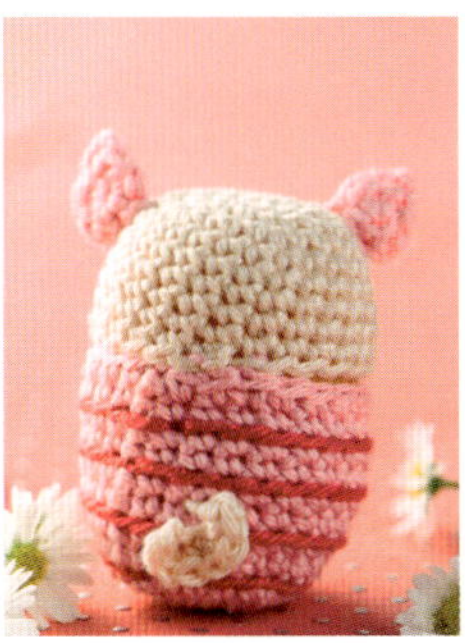

Anleitung

Alle Teile werden in Spiral-Rd gearbeitet.

Oberteil

In Soft Apricot einen Magic-Ring anfertigen.
1. Rd: 6 fM in den Ring häkeln (= 6 M).
2. Rd: Jede fM verdoppeln (= 12 M).
3. Rd: Jede 2. fM verdoppeln (= 18 M).
4. Rd: Jede 3. fM verdoppeln (= 24 M).
5.–8. Rd: Jeweils 24 fM häkeln.
9. Rd: 23 fM häkeln. Mit 1 Km schließen.
Faden abschneiden und durchziehen.

Unterteil

In Orchidee einen Magic-Ring anfertigen.
1. Rd: 6 fM in den Ring häkeln (= 6 M).
2. Rd: Jede fM verdoppeln (= 12 M).
3. Rd: Jede 2. fM verdoppeln (= 18 M).
4. Rd: Jede 3. fM verdoppeln (= 24 M).
5.–11. Rd: Jeweils 24 fM häkeln.
12. Rd: 23 fM häkeln. Mit 1 Km schließen.
Faden abschneiden und durchziehen.

Ohr (2x)

In Orchidee einen Magic-Ring anfertigen.
1. Rd: 1 fM, 1 hStb, 1 Stb, 1 DStb, 1 Lm, 1 Km in das DStb, 1 Stb, 1 hStb,1 Km in die 1. fM der Rd.
Faden abschneiden und durchziehen.
Das 2. Ohr ebenso häkeln.

Nase

In Orchidee einen Magic-Ring anfertigen.
1. Rd: 6 fM in den Ring häkeln (= 6 M).
Faden abschneiden und durchziehen.

Fertigstellen

Ohren und Nase zuerst feststecken und dann aufnähen. Die Perlen als Augen aufnähen. Den Mund und die Augenbrauen mit Stickgarn in Schwarz aufsticken. Auf das Unterteil in Cyclam die Streifen mit Stielstichen aufsticken. Ober- und Unterteil so an der Kapsel ankleben, dass der Verbindungssteg der Kapsel auf der Rückseite ist. Mit 4 Überwendlingsstichen Ober- und Unterteil über dem Steg zusammennähen.
Für das Schwänzchen in Soft Apricot am Hinterteil anschlingen und 5 Lm anschl. Ab der 2. Lm 4 fM verdoppeln. Faden abschneiden und durchziehen. Alle Fäden vernähen.

Energiegeladener Tiger

immer abenteuerlustig und übermütig

MATERIAL

- Schachenmayr Catania (LL 125 m/50 g) in Orange (Fb 281) und Schwarz (Fb 110), je 50 g, in Vanille (Fb 403) und Orchidee (Fb 222), Reste
- Häkelnadel 3,0 mm
- 2 Perlen in Schwarz, ø 4 mm
- Stickgarn in Schwarz
- Heißkleber

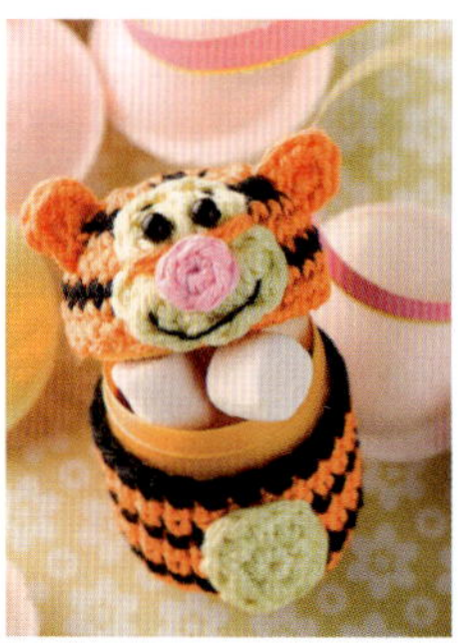

Streifenfolge

2 Rd in Orange und 1 Rd in Schwarz im Wechsel häkeln.

Anleitung

Alle Teile werden in geschlossenen Rd gearbeitet. Jede Rd mit 1 Steige-Lm beginnen und 1 Km schließen. Diese M werden nicht mitgezählt.

Oberteil

In Schwarz einen Magic-Ring anfertigen.
1. Rd: 6 fM in den Ring häkeln (= 6 M).
Weiter in der Streifenfolge arb. Beim Fb-Wechsel den Faden innen hochziehen und die Lm am Rd-Beginn in der neuen Fb häkeln.
2. Rd: Jede fM verdoppeln (= 12 M).
3. Rd: Jede 2. fM verdoppeln (= 18 M).
4. Rd: Jede 3. fM verdoppeln (= 24 M).
5.-8. Rd: Jeweils 24 fM häkeln.
9. Rd: 24 fM häkeln. Mit 1 Km schließen.
Faden abschneiden und durchziehen.

Unterteil

In Orange einen Magic-Ring anfertigen.
Weiter in der Streifenfolge arb. Beim Fb-Wechsel den Faden innen hochziehen und die Lm am Rd-Beginn in der neuen Fb häkeln.
1. Rd: 6 fM in den Ring häkeln (= 6 M).
2. Rd: Jede fM verdoppeln (= 12 M).
3. Rd: Jede 2. fM verdoppeln (= 18 M).
4. Rd: Jede 3. fM verdoppeln (= 24 M).
5.-11. Rd: Jeweils 24 fM häkeln.
12. Rd: 24 fM häkeln. Mit 1 Km schließen.
Faden abschneiden und durchziehen.

Ohr (2x)

In Orange einen Magic-Ring anfertigen.
1. Rd: 8 fM in den Ring häkeln.
Faden abschneiden und durchziehen.
Nicht zur Rd schließen, sondern als Halbkreis formen.
Das 2. Ohr ebenso häkeln.

Gesicht

In Vanille 4 Lm anschl. Dann die Lm-Kette von beiden Seiten behäkeln.
1. Rd: Ab der 2. Lm ab Nd 3 fM. An der Unterseite der Lm-Kette (1 hStb, 1 Stb) in 1 M, 2 Stb in 1 M, (1 Stb, 1 hStb) in 1 M, 1 Km in die oberste Lm des Rd-Beginns.
2. Rd: (1 hStb, 2 Stb) in 1 M, 3 Stb in 1 M, (2 Stb, 1 hStb) in 1 M, 1 Km. Die restlichen M bleiben unbehäkelt.
Faden abschneiden und durchziehen.

Bauch

In Vanille einen Magic-Ring anfertigen.
1. Rd: 6 fM in den Ring häkeln.
2. Rd: * 2 fM verdoppeln, 3 hStb in 1 M, ab * noch 1x wdh (= 14 M).
Faden lang abschneiden und durchziehen.

Nase

In Orchidee einen Magic-Ring anfertigen.
1. Rd: 1 hStb, 1 fM, 2 hStb, 1 fM, 1 hStb, mit 1 Km in das 1. hStb die Rd schließen.

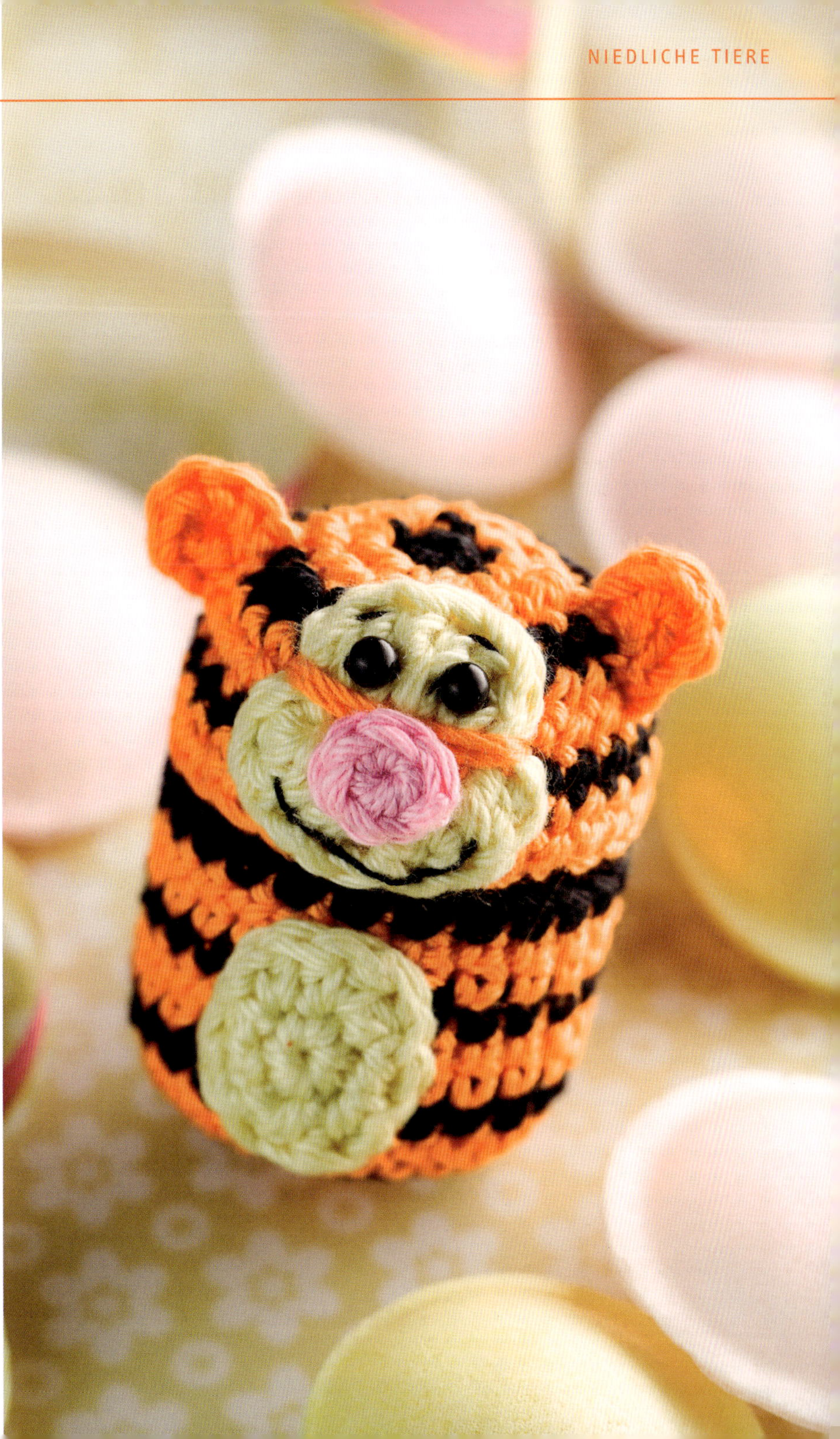

Fertigstellen

Ohren, Gesicht und Bauch zuerst feststecken und dann aufnähen. Mit einem ca. 10 cm langen Faden in Orange das Gesicht mittig unterteilen. Dafür den Faden zweimal über das Gesicht sticken. Die Nase aufnähen. Die Perlen als Augen aufnähen. Den Mund und die Augenbrauen in Schwarz aufsticken. Ober- und Unterteil so an der Kapsel ankleben, dass der Verbindungssteg der Kapsel auf der Rückseite ist. Mit 4 Überwendlingsstichen Ober- und Unterteil über dem Steg zusammennähen.
Alle Fäden vernähen.

Hübsche Entendame

charmante Gefährtin

MATERIAL

- Schachenmayr Catania (LL 125 m/50 g) in Weiß (Fb 106) und Lavendel (Fb 422), je 50 g, in Sonne (Fb 208), Rest
- Häkelnadel 3,0 mm
- 2 Perlen in Schwarz, ø 3 mm
- Stickgarn in Schwarz
- Heißkleber

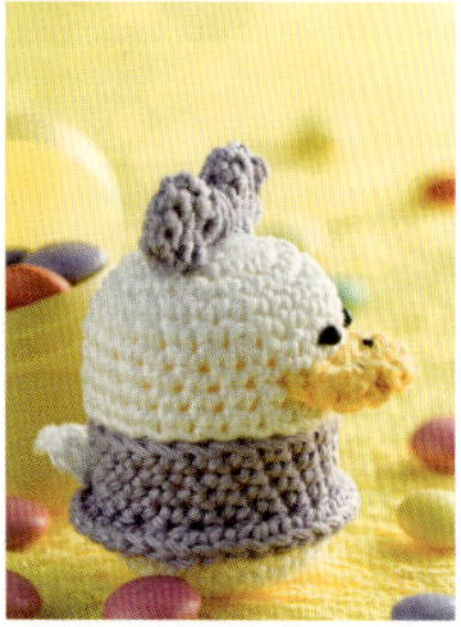

Anleitung

Alle Teile werden in Spiral-Rd gearbeitet.

Oberteil

In Weiß einen Magic-Ring anfertigen.
1. Rd: 6 fM in den Ring häkeln (= 6 M).
2. Rd: Jede fM verdoppeln (= 12 M).
3. Rd: Jede 2. fM verdoppeln (= 18 M).
4. Rd: Jede 3. fM verdoppeln (= 24 M).
5.-8. Rd: Jeweils 24 fM häkeln.
9. Rd: 23 fM häkeln. Mit 1 Km schließen.
Faden abschneiden und durchziehen.

Unterteil

In Weiß einen Magic-Ring anfertigen.
1. Rd: 6 fM in den Ring häkeln (= 6 M).
2. Rd: Jede fM verdoppeln (= 12 M).
3. Rd: Jede 2. fM verdoppeln (= 18 M).
4. Rd: Jede 3. fM verdoppeln (= 24 M).
5.+6. Rd: 24 fM häkeln.
Faden abschneiden und durchziehen.
7. Rd (Lavendel): 24 Relief-fM von hinten häkeln.
8.-11. Rd: Jeweils 24 fM häkeln.
12. Rd: 23 fM häkeln. Mit 1 Km schließen.
Faden abschneiden und durchziehen.
In der 7. Rd in Lavendel neu anschlingen. In das „V" der Relief-fM der 7. Rd * 1 fM, 1 fM verdoppeln, ab * noch 11x wdh (= 36 M).
Faden abschneiden und durchziehen.

Schnabel

In Sonne 12 Lm anschl und mit 1 Km zur Rd schließen.
1. Rd: 12 fM häkeln.
2. Rd: Jede 3. und 4. fM zusammen abmaschen (= 9 M).
3. Rd: Jede 2. und 3. fM zusammen abmaschen (= 6 M).
4. Rd: 6 fM häkeln.
Faden abschneiden, durchziehen und in eine Wollnd fädeln. Den Schnabel flach zusammendrücken und damit die 1. M mit der 6. M, die 2. M mit der 5. M und die 3. M mit der 4. M zusammennähen.

Schwänzchen

In Weiß einen Magic-Ring anfertigen.
1. Rd: 1 hStb, 1 Stb, 1 Lm, 1 Km in das Stb, 1 Stb, 1 hStb, 1 Lm, 1 Km in das 1. hStb.
Faden lang abschneiden und durchziehen.

Schleife

In Lavendel einen Magic-Ring anfertigen.
1. Rd: 5 fM in den Ring häkeln (= 5 M).
2. Rd: Jede fM verdoppeln (= 10 M).
3. Rd: 10 fM häkeln.
4. Rd: Jede 4. und 5. fM zusammen abmaschen (= 8 M).
5. Rd: Jede 4. fM verdoppeln (= 10 M).
6. Rd: 10 fM häkeln.
7. Rd: Jeweils 2 fM zusammen abmaschen (= 5 M).
Faden lang abschneiden und durchziehen.

Fertigstellen

Den Schnabel und das Schwänzchen zuerst feststecken und dann aufnähen. Die Perlen als Augen aufnähen. Die Schleife mittig mit einem ca. 10 cm langen Faden in Lavendel 5x umwickeln. Den Faden vernähen und die Schleife aufnähen oder aufkleben. Mit Stickgarn in Schwarz die Nasenlöcher aufsticken. Ober- und Unterteil so an der Kapsel ankleben, dass der Verbindungssteg der Kapsel auf der Rückseite ist. Mit 4 Überwendlingsstichen Ober- und Unterteil über dem Steg zusammennähen. Alle Fäden vernähen.

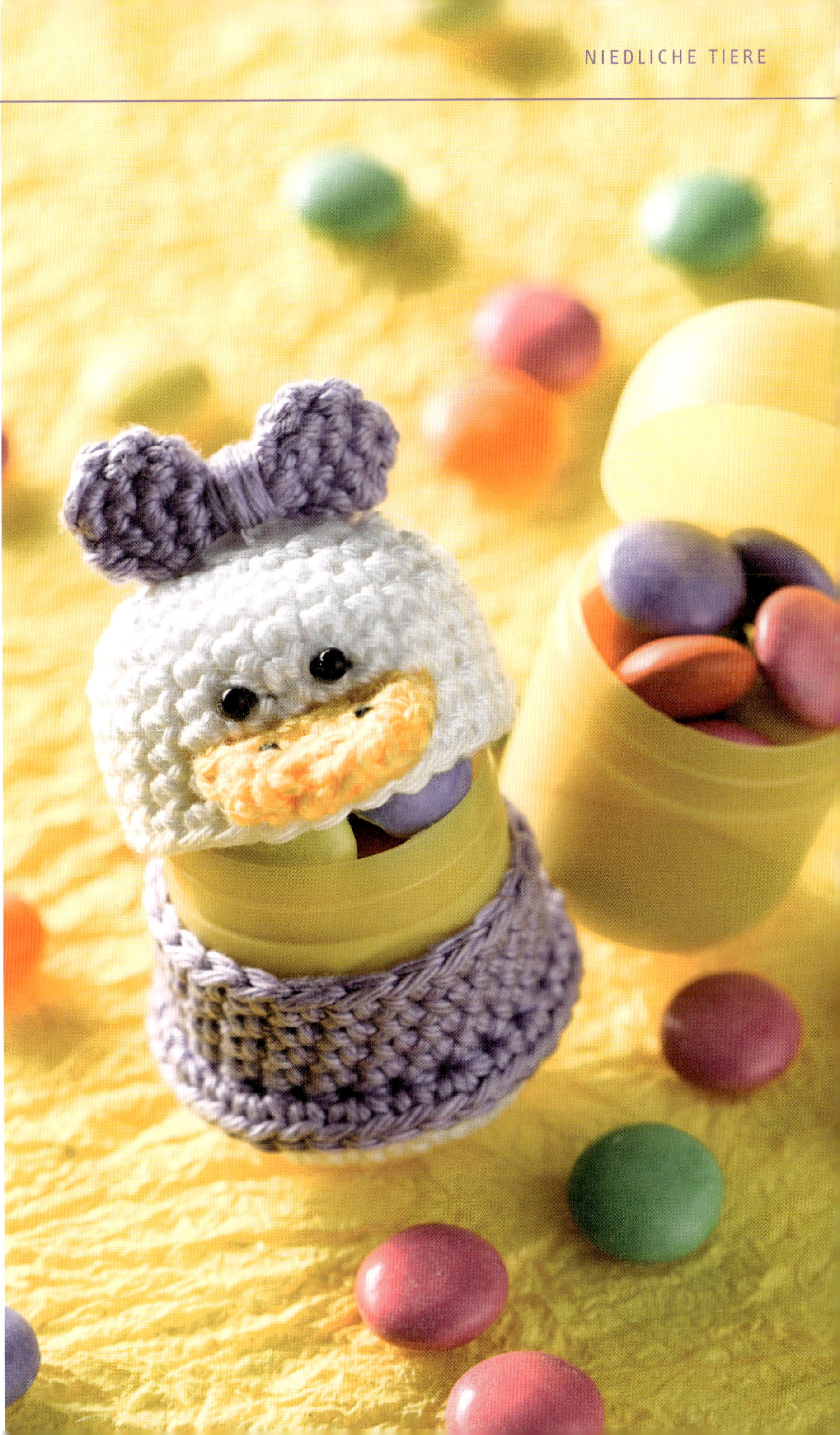

Quirlige Ente

lässt kein Missgeschick aus

MATERIAL

- Schachenmayr Catania (LL 125 m/50 g) in Weiß (Fb 106) und Regatta (Fb 261), je 50 g, in Sonne (Fb 208), Signalrot (Fb 115) und Schwarz (Fb 110), Reste
- Häkelnadel 3,0 mm
- 2 Perlen in Schwarz, ø 3 mm
- Stickgarn in Schwarz
- Heißkleber

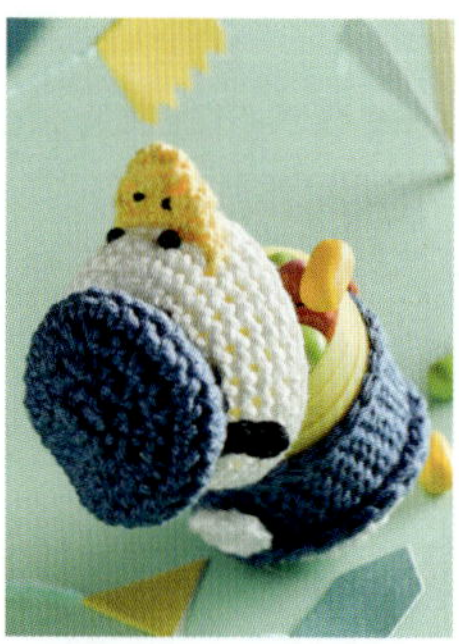

Anleitung

Alle Teile werden in Spiral-Rd gearbeitet.

Oberteil

In Weiß einen Magic-Ring anfertigen.
1. Rd: 6 fM in den Ring häkeln (= 6 M).
2. Rd: Jede fM verdoppeln (= 12 M).
3. Rd: Jede 2. fM verdoppeln (= 18 M).
4. Rd: Jede 3. fM verdoppeln (= 24 M).
5.-8. Rd: Jeweils 24 fM häkeln.
9. Rd: 23 fM häkeln. Mit 1 Km schließen.
Faden abschneiden und durchziehen.

Unterteil

In Weiß einen Magic-Ring anfertigen.
1. Rd: 6 fM in den Ring häkeln (= 6 M).
2. Rd: Jede fM verdoppeln (= 12 M).
3. Rd: Jede 2. fM verdoppeln (= 18 M).
4. Rd: Jede 3. fM verdoppeln (= 24 M).
5.+6. Rd: Jeweils 24 fM häkeln.
Faden abschneiden und durchziehen.
7. Rd (Regatta): 24 Relief-fM von hinten häkeln.
8.-11. Rd: Jeweils 24 fM häkeln.
12. Rd: 23 fM häkeln. Mit 1 Km schließen.
Faden abschneiden und durchziehen.
In der 7. Rd in Regatta neu anschlingen.
In das „V" der Relief-fM der 7. Rd rundum jeweils 1 fM häkeln.
Faden abschneiden und durchziehen.

Schnabel

In Sonne 12 Lm anschl und mit 1 Km zur Rd schließen.
1. Rd: 12 fM häkeln.
2. Rd: Jede 3. und 4. fM zusammen abmaschen (= 9 M).
3. Rd: Jede 2. und 3. fM zusammen abmaschen (= 6 M).
4. Rd: 6 fM häkeln.
Faden abschneiden, durchziehen und in eine Wollnd fädeln. Den Schnabel flach zusammendrücken und damit die 1. M mit der 6. M, die 2. M mit der 5. M und die 3. M mit der 4. M zusammennähen.

Schwänzchen

In Weiß einen Magic-Ring anfertigen.
1. Rd: 1 hStb, 1 Stb, 1 Lm, 1 Km in das Stb, 1 Stb, 1 hStb, 1 Lm, 1 Km in das 1. hStb.
Faden lang abschneiden und durchziehen.

Mütze

In Schwarz 18 Lm anschl und mit 1 Km zur Rd schließen.
1. Rd: 18 fM häkeln.
2. Rd: 18 Relief-fM von hinten häkeln.
Faden sehr lang abschneiden und durchziehen.
3. Rd (Regatta): Jede 2. fM verdoppeln (= 27 M).
4.+5. Rd: Jeweils 27 fM häkeln.
6. Rd: Jede 2. und 3. fM zusammen abmaschen (= 18 M).
7. Rd: Jeweils 2 fM zusammen abmaschen (= 9 M).
8. Rd: * 2 fM zusammen abmaschen, ab * noch 3x wdh, 1 fM (= 5 M).
Faden lang abschneiden und durchziehen.
Mit dem langen Faden der 2. Rd in der 1. M der 2. Rd in Schwarz anschlingen. 5 Lm

anschl und 4 Km auf die Lm-Kette häkeln. Faden durchziehen.

Fliege

In Signalrot einen Magic-Ring anfertigen.
1. Rd: 1 Lm, 2 hStb, 1 Lm, 1 Km, 1 Lm, 2 hStb, 1 Lm, 1 Km in den Ring.
Faden lang abschneiden und durchziehen.

Fertigstellen

Die Fliege 2x mit dem Restfaden umwickeln. Den Faden vernähen. Schnabel, Mütze, Fliege und Schwänzchen zuerst feststecken und dann aufnähen. Die Perlen als Augen aufnähen. Mit Stickgarn in Schwarz die Nasenlöcher aufsticken. Ober- und Unterteil so an der Kapsel ankleben, dass der Verbindungssteg der Kapsel auf der Rückseite ist. Mit 4 Überwendlingsstichen Ober- und Unterteil über dem Steg zusammennähen. Alle Fäden vernähen.

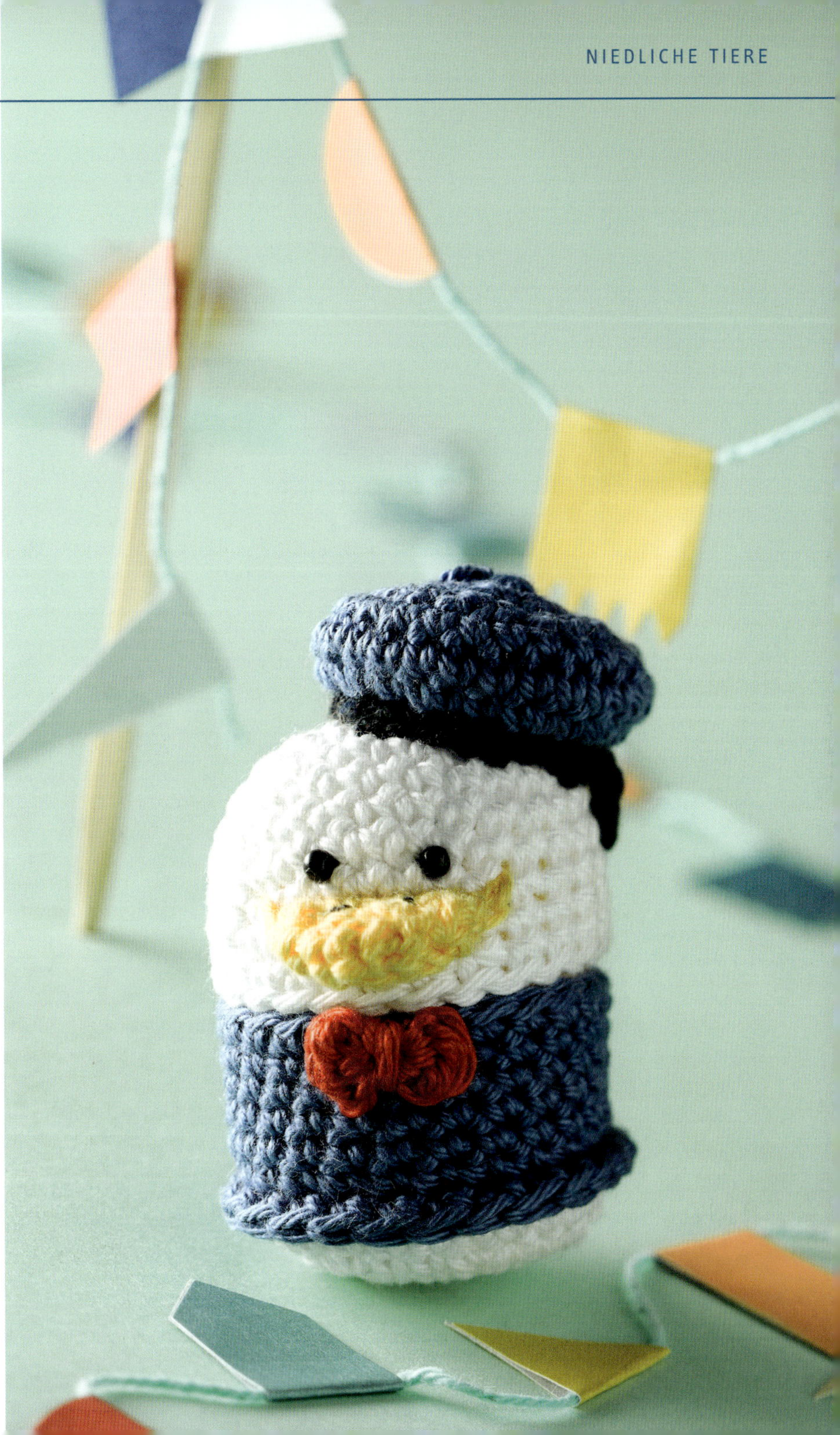

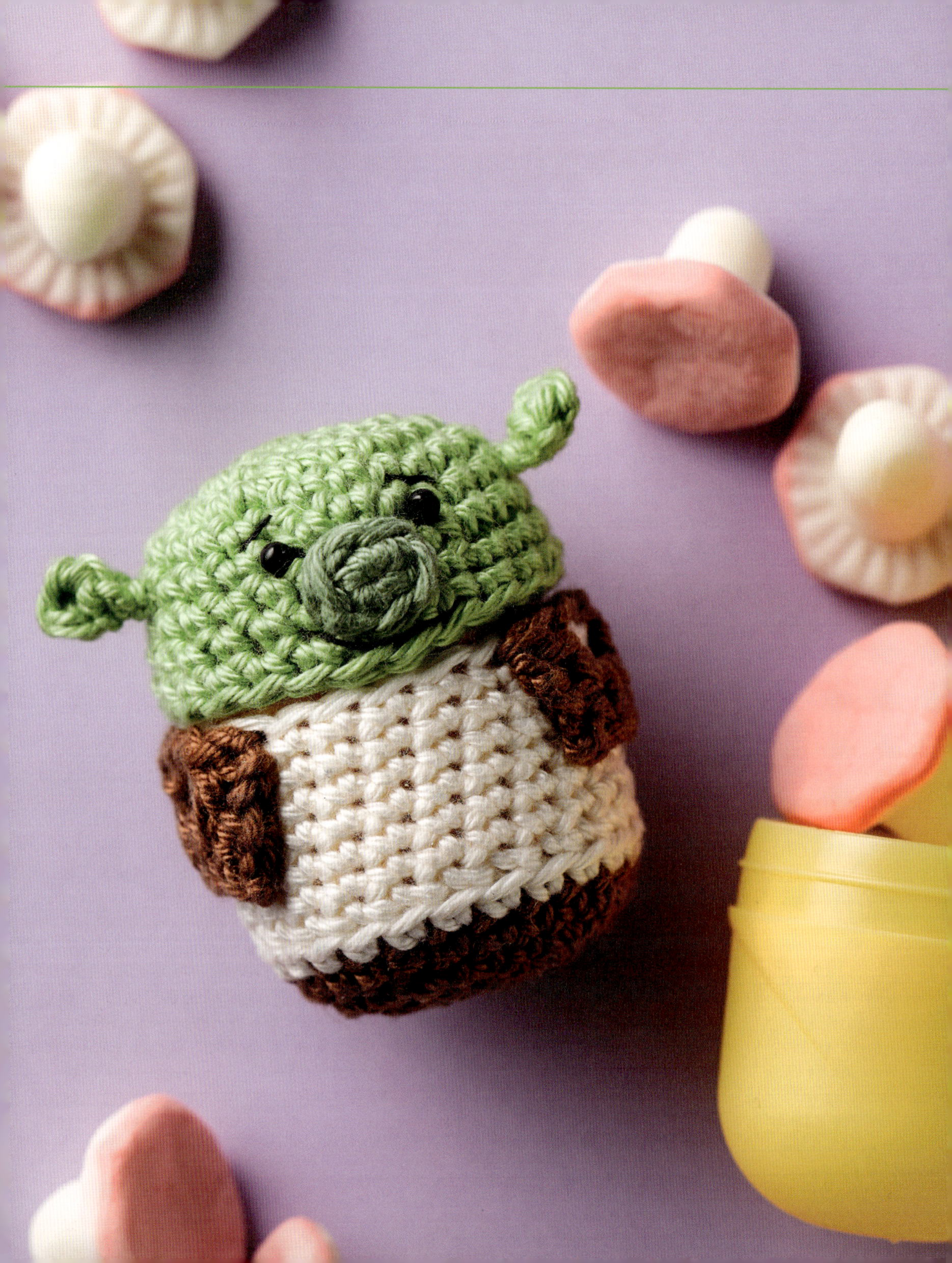

Tollkühner Held

im Sumpf zuhause

MATERIAL

- Schachenmayr Catania (LL 125 m/50 g) in Greenery (Fb 418), Marone (Fb 157) und Creme (Fb 130), je 50 g, in Moos (Fb 412), Rest
- Häkelnadel 3,0 mm
- 2 Perlen in Schwarz, ø 3 mm
- Stickgarn in Schwarz
- Heißkleber

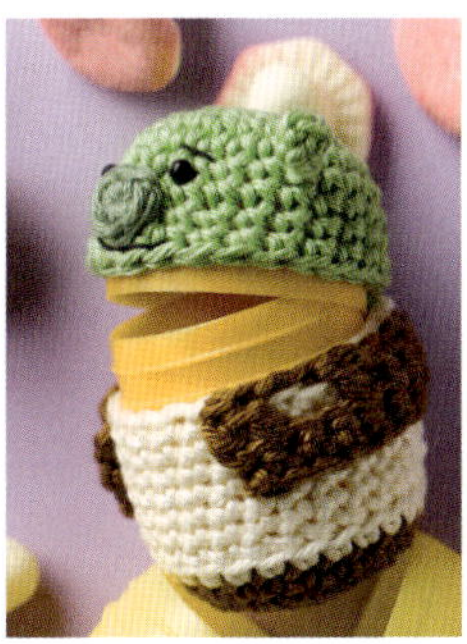

Anleitung

Alle Teile mit Ausnahme der Weste werden in Spiral-Rd gearbeitet.

Oberteil

In Greenery einen Magic-Ring anfertigen.
1. Rd: 6 fM in den Ring häkeln (= 6 M).
2. Rd: Jede fM verdoppeln (= 12 M).
3. Rd: Jede 2. fM verdoppeln (= 18 M).
4. Rd: Jede 3. fM verdoppeln (= 24 M).
5.-8. Rd: Jeweils 24 fM häkeln.
9. Rd: 23 fM häkeln. Mit 1 Km schließen.
Faden abschneiden und durchziehen.

Unterteil

In Marone einen Magic-Ring anfertigen.
1. Rd: 6 fM in den Ring häkeln (= 6 M).
2. Rd: Jede fM verdoppeln (= 12 M).
3. Rd: Jede 2. fM verdoppeln (= 18 M).
4. Rd: Jede 3. fM verdoppeln (= 24 M).
5. Rd: 24 fM häkeln.
Faden abschneiden und durchziehen.
6. Rd (Creme): 24 fM häkeln.
7. Rd: 24 fM in die hinteren M-Glieder häkeln.
8.-11. Rd: Jeweils 24 fM häkeln.
12. Rd: 23 fM häkeln. Mit 1 Km schließen.
Faden abschneiden und durchziehen.

Nase

In Moos einen Magic-Ring anfertigen.
1. Rd: 2 fM, 1 hStb, 2 fM, 1 hStb in den Ring häkeln (= 6 M).
Faden abschneiden und durchziehen.

Ohr (2x)

In Greenery einen Magic-Ring anfertigen.
1. Rd: 3 hStb zusammen abmaschen, 3 Lm.
Den Magic-Ring fest zusammenziehen (= Spitze des Ohrs).
Faden lang abschneiden und durchziehen.
Den Faden des Magic-Rings in eine Wollnd fädeln und durch die hStb und die Lm ziehen.
Das 2. Ohr ebenso häkeln.

Weste

In Marone 21 Lm anschl. Weiter in R arb.
1. R: Ab der 2. Lm ab Nd 20 fM häkeln (= 20 M).
2. R: 3 Lm, 1 Stb, 2 Lm, 2 M überspringen, 13 Stb, 2 Lm, 2 M überspringen, 2 Stb.
Faden abschneiden und durchziehen.

Fertigstellen

Nase, Ohren und Weste zuerst feststecken und dann aufnähen. Die Perlen als Augen aufnähen. Den Mund und die Augenbrauen mit Stickgarn in Schwarz aufsticken. Ober- und Unterteil so an der Kapsel ankleben, dass der Verbindungssteg der Kapsel auf der Rückseite ist. Mit 4 Überwendlingsstichen Ober- und Unterteil über dem Steg zusammennähen. Alle Fäden vernähen.

Mutige Prinzessin

pfeift auf Schönheitsideale

MATERIAL

- Schachenmayr Catania (LL 125 m/50 g) in Greenery (Fb 418), Samaragd (Fb 430) und Jaffa (Fb 189), je 50 g, in Moos (Fb 412) und Sonne (Fb 208), Reste
- Häkelnadel 3,0 mm
- 2 Perlen in Schwarz, ø 3 mm
- Stickgarn in Schwarz
- Heißkleber

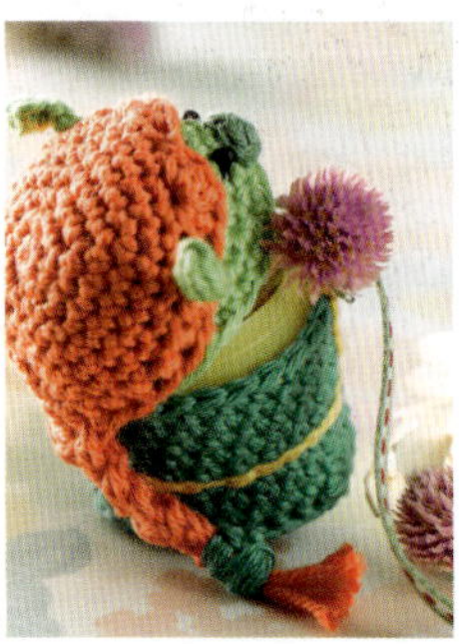

Anleitung

Alle Teile werden in Spiral-Rd gearbeitet.

Oberteil

In Greenery einen Magic-Ring anfertigen.
1. Rd: 6 fM in den Ring häkeln (= 6 M).
2. Rd: Jede fM verdoppeln (= 12 M).
3. Rd: Jede 2. fM verdoppeln (= 18 M).
4. Rd: Jede 3. fM verdoppeln (= 24 M).
5.-8. Rd: Jeweils 24 fM häkeln.
9. Rd: 23 fM häkeln. Mit 1 Km schließen.
Faden abschneiden und durchziehen.

Unterteil

In Smaragd einen Magic-Ring anfertigen.
1. Rd: 6 fM in den Ring häkeln (= 6 M).
2. Rd: Jede fM verdoppeln (= 12 M).
3. Rd: Jede 2. fM verdoppeln (= 18 M).
4. Rd: Jede 3. fM verdoppeln (= 24 M).
5. Rd: Jede 4. fM verdoppeln (= 30 M).
6. Rd: 30 Relief-fM von hinten häkeln.
7. Rd: Jede 9. und 10. fM zusammen abmaschen (= 27 M).
8. Rd: Jede 8. und 9. fM zusammen abmaschen (= 24 M).
9.-11. Rd: Jeweils 24 fM häkeln.
In den nächsten 3 Rd wird das Garn innerhalb der Rd gewechselt. Deshalb stehen die Abkürzungen S (= Smaragd) und G (= Greenery) vor der entsprechenden Anzahl an M in Klammern. Beim Fb-Wechsel das Garn auf der Innenseite weiterführen.
12.-14. Rd: (S) 10 fM, (G) 4 fM, (S) 10 fM (= 24 M).
Faden abschneiden und durchziehen.

Nase

In Moos einen Magic-Ring anfertigen.
1. Rd: 2 fM, 1 hStb, 2 fM, 1 hStb in den Ring häkeln (= 6 M).
Faden abschneiden und durchziehen.

Ohr (2x)

In Greenery einen Magic-Ring anfertigen.
1. Rd: 3 hStb zusammen abmaschen, 3 Lm.
Den Magic-Ring fest zusammenziehen (= Spitze des Ohrs).
Faden lang abschneiden und durchziehen.
Den Faden des Magic-Rings in eine Wollnd fädeln und durch die hStb und die Lm ziehen.
Das 2. Ohr ebenso häkeln.

Haare

In Jaffa einen Magic-Ring anfertigen.
1. Rd: 6 fM in den Ring häkeln (= 6 M).
2. Rd: Jede fM verdoppeln (= 12 M).
3. Rd: Jede 2. fM verdoppeln (= 18 M).
4. Rd: Jede 3. fM verdoppeln (= 24 M).
5. Rd: Jede 6. fM verdoppeln (= 27 M).
6.-7. Rd: Jeweils 27 fM.
8. Rd: 8 hStb, 1 M überspringen, 4 hStb in 1 M, 1 M überspringen, 1 Km, 1 M überspringen, 4 hStb in 1 M, 1 M überspringen, 12 hStb, mit 1 Km in die 1. M der 8. Rd schließen.
Faden lang abschneiden und durchziehen.

Zopf (6x)

In Jaffa 10 Lm anschl. Faden abschneiden und durchziehen.
Noch 5 weitere Zopfstränge ebenso häkeln.

Fertigstellen

Mit Kettenstich in Sonne auf die 11. Rd des Unterteils den Gürtel und die Umrandung des Ausschnitts sticken. Die Haare und die Nase zuerst feststecken und dann aufnähen. Die Ohren auf die Haare nähen. Für den Zopf die 6 Stränge am Hinterkopf befestigen, aus 3x 2 Strängen einen Zopf flechten. Mit einem ca. 10 cm langen Faden in Smaragd als Haarband umwickeln und die Fäden kürzen. Perlen als Augen aufnähen. Den Mund und die Wimpern aufsticken. Ober- und Unterteil so an der Kapsel ankleben, dass der Verbindungssteg der Kapsel auf der Rückseite ist. Mit 4 Überwendlingsstichen Ober- und Unterteil über dem Steg zusammennähen. Alle Fäden vernähen.

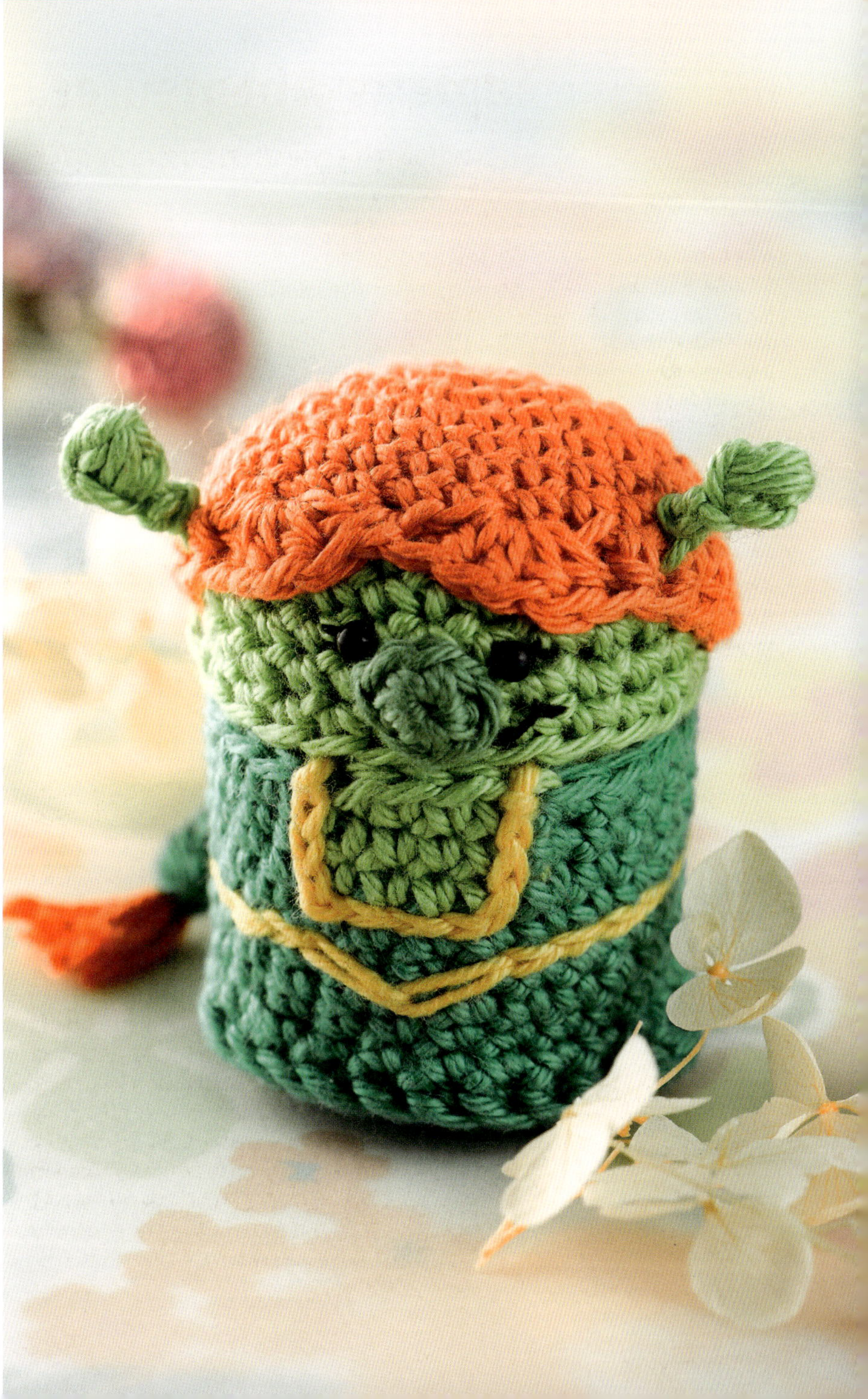

Tapferer Abenteurer

stellt sich jeder Herausforderung

MATERIAL

- Schachenmayr Catania (LL 125 m/50 g) in Soft Apricot (Fb 263) und Signalrot (Fb 115), je 50 g, in Regatta (Fb 261), Sonne (Fb 208), Weiß (Fb 106) und Kaffee (Fb 162), Reste
- Häkelnadel 3,0 mm
- 2 Perlen in Schwarz, ø 4 mm
- Heißkleber

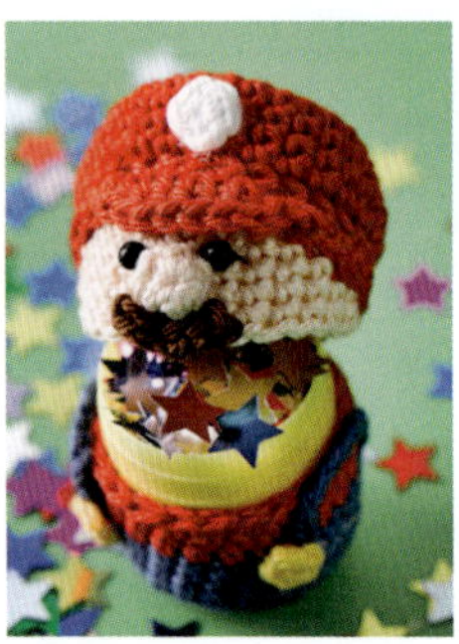

Anleitung

Alle Teile werden in Spiral-Rd gearbeitet.

Oberteil

In Soft Apricot einen Magic-Ring anfertigen.
1. Rd: 6 fM in den Ring häkeln (= 6 M).
2. Rd: Jede fM verdoppeln (= 12 M).
3. Rd: Jede 2. fM verdoppeln (= 18 M).
4. Rd: Jede 3. fM verdoppeln (= 24 M).
5.-8. Rd: Jeweils 24 fM häkeln.
9. Rd: 23 fM häkeln. Mit 1 Km schließen.
Faden abschneiden und durchziehen.

Unterteil

In Regatta einen Magic-Ring anfertigen.
1. Rd: 6 fM in den Ring häkeln (= 6 M).
2. Rd: Jede fM verdoppeln (= 12 M).
3. Rd: Jede 2. fM verdoppeln (= 18 M).
4. Rd: Jede 3. fM verdoppeln (= 24 M).
5.-9. Rd: Jeweils 24 fM häkeln.
Faden abschneiden und durchziehen.
10.+11. Rd (Signalrot): Jeweils 24 fM häkeln.
12. Rd: 23 fM häkeln. Mit 1 Km schließen.
Faden abschneiden und durchziehen.

Mütze

In Signalrot einen Magic-Ring anfertigen.
1. Rd: 6 fM in den Ring häkeln (= 6 M).
2. Rd: Jede fM verdoppeln (= 12 M).
3. Rd: Jede 2. fM verdoppeln (= 18 M).
4. Rd: Jede 3. fM verdoppeln (= 24 M).
5. Rd: Jede 4. fM verdoppeln (= 30 M).
6.-8. Rd: Jeweils 30 fM häkeln.
9. Rd: Jede 9. und 10. fM zusammen abmaschen (= 27 M).
10. Rd: 27 Relief-fM von vorne häkeln.
11. Rd: 26 fM häkeln. Mit 1 Km schließen.
12. Rd: 1 Lm, (1 fM, 1 hStb) in 1 M, 3 Stb verdoppeln, (1 hStb, 1 fM) in 1 M, 1 Km.
Die restlichen M bleiben unbehäkelt.
Faden abschneiden und durchziehen.

Bart

In Kaffee einen Magic-Ring anfertigen.
1. Rd: * 3 Lm, 2 Km auf die Lm-Kette, 1 Km in den Ring häkeln, ab * noch 1x wdh.
Faden lang abschneiden und durchziehen.

Nase

In Soft Apricot einen Magic-Ring anfertigen.
1. Rd: 5 fM in den Ring häkeln.
2. Rd: 5 fM häkeln.
Faden lang abschneiden und durchziehen.

Knopf (2x)

In Sonne einen Magic-Ring anfertigen.
1. Rd: 5 fM in den Ring häkeln.
Faden lang abschneiden und durchziehen.
Den 2. Knopf ebenso häkeln.

Hosenträger (2x)

In Regatta 10 Lm anschl. Den Faden lang abschneiden und durchziehen.
Den 2. Hosenträger ebenso häkeln.

Mützenemblem

In Weiß einen Magic-Ring anfertigen.
1. Rd: 5 fM in den Ring häkeln.
Faden lang abschneiden und durchziehen.

Fertigstellen

Mütze, Hosenträger, Knöpfe, Nase, Bart und Emblem zuerst feststecken und dann aufnähen. Die Perlen als Augen aufnähen. Ober- und Unterteil so an der Kapsel ankleben, dass der Verbindungssteg der Kapsel auf der Rückseite ist. Mit 4 Überwendlingsstichen Ober- und Unterteil über dem Steg zusammennähen. Alle Fäden vernähen.

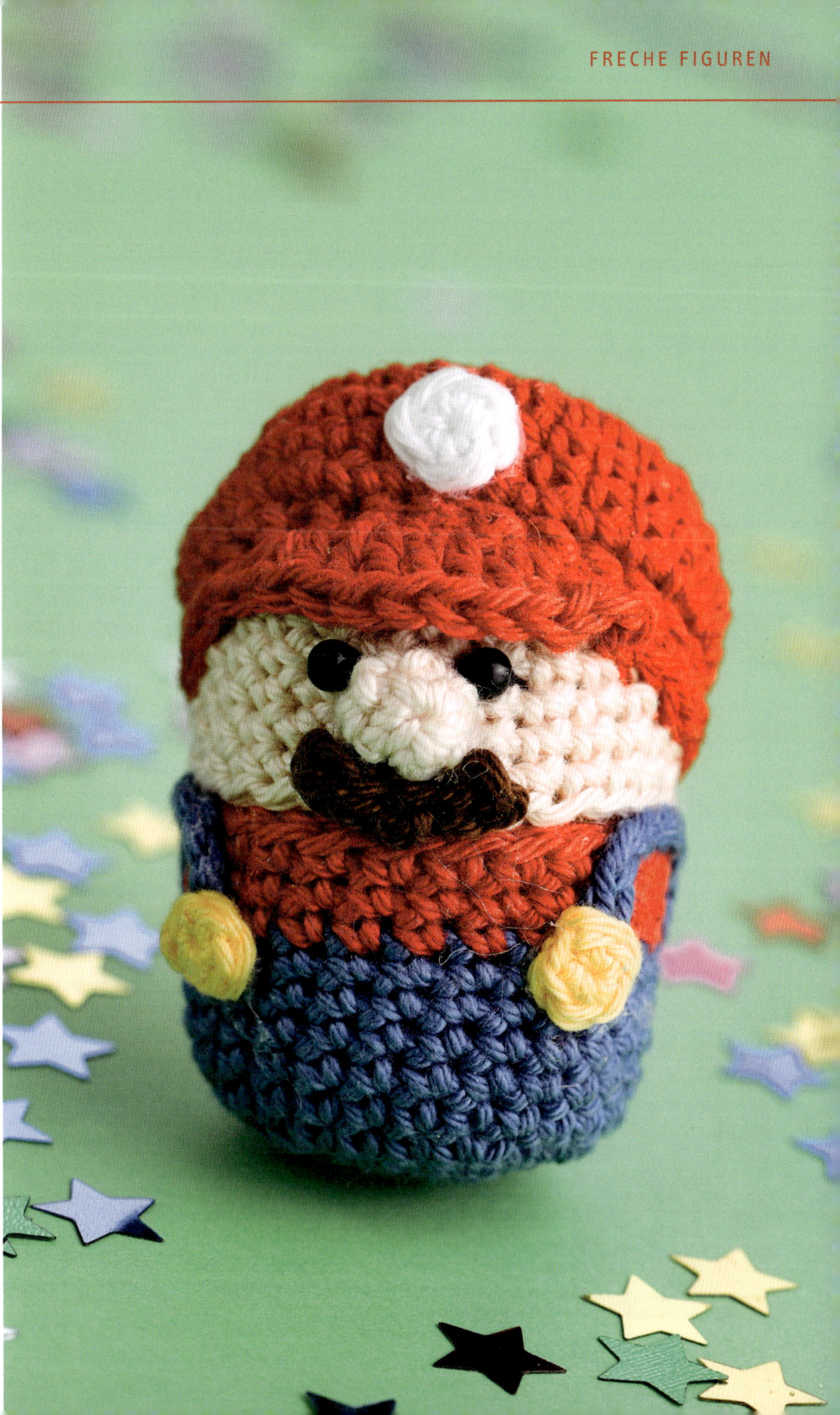

Verlässlicher Zwillingsbruder

und gewissenhafter Spielgefährte

MATERIAL

- Schachenmayr Catania (LL 125 m/50 g) in Soft Apricot (Fb 263) und Maigrün (Fb 389), je 50 g, in Royal (Fb 201), Sonne (Fb 208), Weiß (Fb 106) und Schwarz (Fb 110), Reste
- Häkelnadel 3,0 mm
- 2 Perlen in Schwarz, ø 4 mm
- Heißkleber

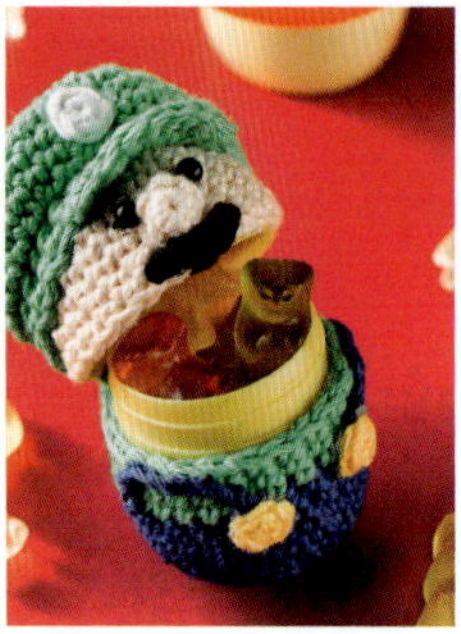

Anleitung

Alle Teile werden in Spiral-Rd gearbeitet.

Oberteil

In Soft Apricot einen Magic-Ring anfertigen.
1. Rd: 6 fM in den Ring häkeln (= 6 M).
2. Rd: Jede fM verdoppeln (= 12 M).
3. Rd: Jede 2. fM verdoppeln (= 18 M).
4. Rd: Jede 3. fM verdoppeln (= 24 M).
5.-8. Rd: Jeweils 24 fM häkeln.
9. Rd: 23 fM häkeln. Mit 1 Km schließen.
Faden abschneiden und durchziehen.

Unterteil

In Royal einen Magic-Ring anfertigen.
1. Rd: 6 fM in den Ring häkeln (= 6 M).
2. Rd: Jede fM verdoppeln (= 12 M).
3. Rd: Jede 2. fM verdoppeln (= 18 M).
4. Rd: Jede 3. fM verdoppeln (= 24 M).
5.-9. Rd: Jeweils 24 fM häkeln.
Faden abschneiden und durchziehen.
10.+11. Rd (Maigrün): Jeweils 24 fM häkeln.
12. Rd: 23 fM häkeln. Mit 1 Km schließen.
Faden abschneiden und durchziehen.

Mütze

In Maigrün einen Magic-Ring anfertigen.
1. Rd: 6 fM in den Ring häkeln (= 6 M).
2. Rd: Jede fM verdoppeln (= 12 M).
3. Rd: Jede 2. fM verdoppeln (= 18 M).
4. Rd: Jede 3. fM verdoppeln (= 24 M).
5. Rd: Jede 4. fM verdoppeln (= 30 M).
6.-8. Rd: Jeweils 30 fM häkeln.
9. Rd: Jede 9. und 10. fM zusammen abmaschen (= 27 M).
10. Rd: 27 Relief-fM von vorne häkeln.
11. Rd: 26 fM häkeln. Mit 1 Km schließen.
12. Rd: 1 Lm, (1 fM, 1 hStb) in 1 M, 3 Stb verdoppeln, (1 hStb, 1 fM) in 1 M, 1 Km.
Die restlichen M bleiben unbehäkelt.
Faden abschneiden und durchziehen.

Bart

In Schwarz einen Magic-Ring anfertigen.
1. Rd: * 3 Lm, 2 Km auf die Lm-Kette, 1 Km in den Ring häkeln, ab * noch 1x wdh.
Faden lang abschneiden und durchziehen.

Nase

In Soft Apricot einen Magic-Ring anfertigen.
1. Rd: 5 fM in den Ring häkeln.
2. Rd: 5 fM häkeln.
Faden lang abschneiden und durchziehen.

Knopf (2x)

In Sonne einen Magic-Ring anfertigen.
1. Rd: 5 fM in den Ring häkeln.
Faden lang abschneiden und durchziehen.
Den 2. Knopf ebenso häkeln.

Hosenträger (2x)

In Royal 10 Lm anschl. Den Faden lang abschneiden und durchziehen.
Den 2. Träger ebenso häkeln.

Mützenemblem

In Weiß einen Magic-Ring anfertigen.
1. Rd: 5 fM in den Ring häkeln.
Faden lang abschneiden und durchziehen.

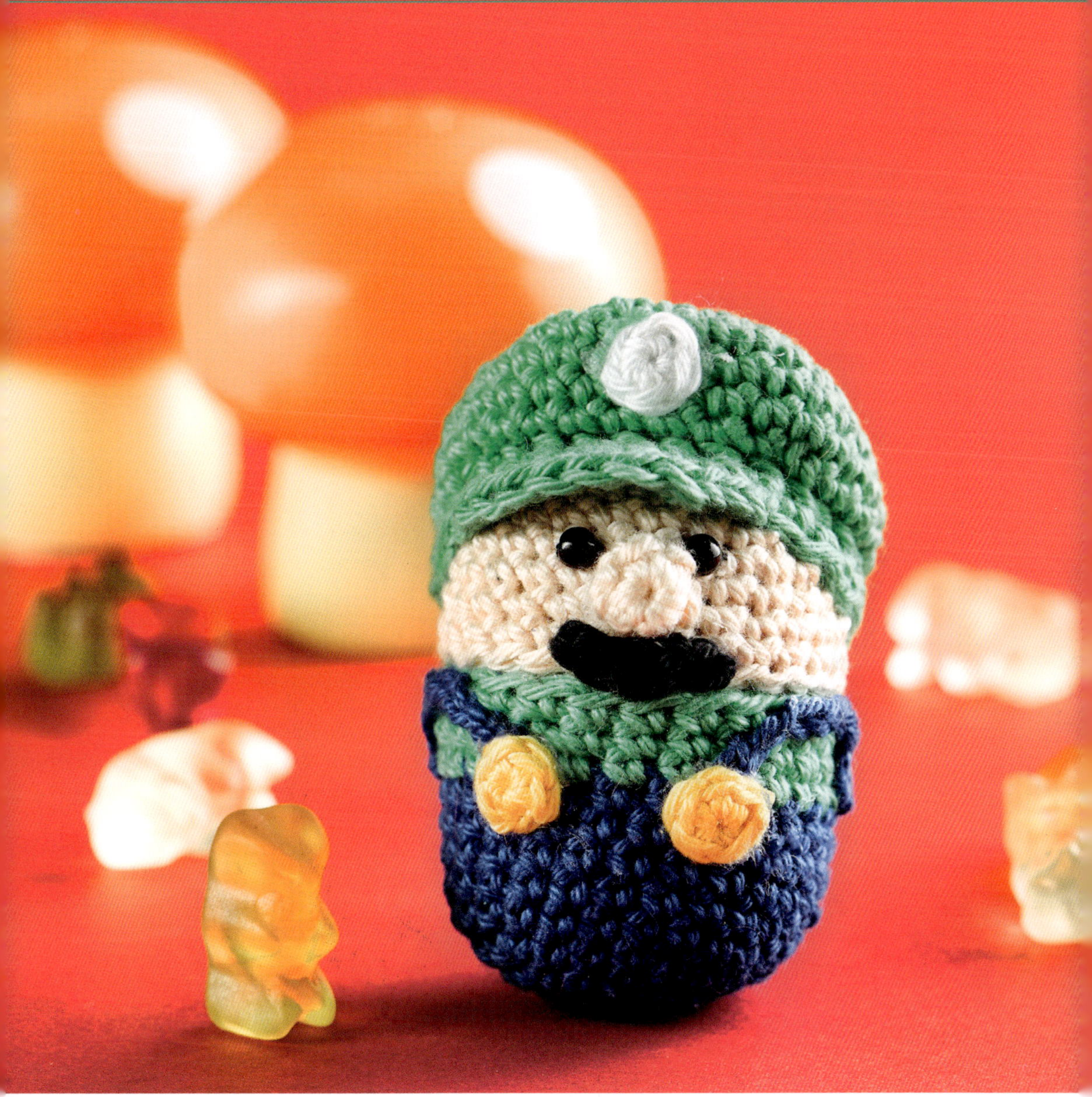

Fertigstellen

Mütze, Hosenträger, Knöpfe, Nase, Bart und Emblem zuerst feststecken und dann aufnähen. Die Perlen als Augen aufnähen. Ober- und Unterteil so an der Kapsel ankleben, dass der Verbindungssteg der Kapsel auf der Rückseite ist. Mit 4 Überwendlingsstichen Ober- und Unterteil über dem Steg zusammennähen. Alle Fäden vernähen.

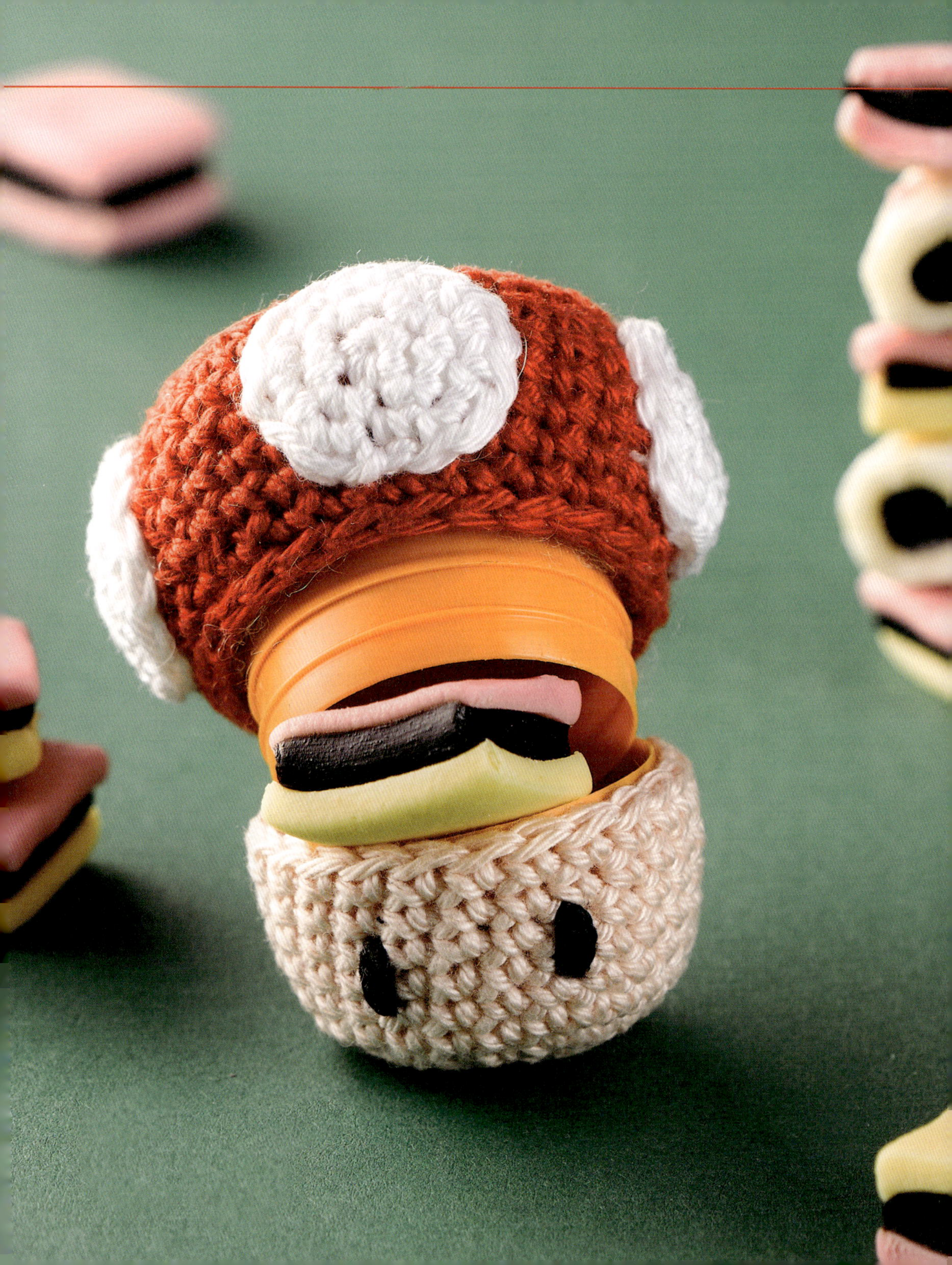

Magischer Fliegenpilz

besitzt heilende Kräfte

MATERIAL

- Schachenmayr Catania (LL 125 m/50 g) in Signalrot (Fb 115) und Soft Apricot (Fb 263), je 50 g, in Weiß (Fb 106), Rest
- Füllwatte, Rest
- Häkelnadel 3,0 mm
- Stickgarn in Schwarz, Rest
- Heißkleber

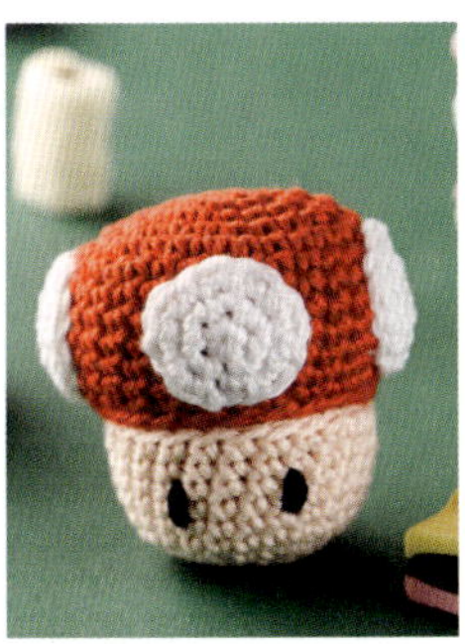

Anleitung

Alle Teile werden in Spiral-Rd gearbeitet.

Oberteil

(für die große Hälfte der Kapsel)

In Signalrot einen Magic-Ring anfertigen.

1. Rd: 6 fM in den Ring häkeln (= 6 M).
2. Rd: Jede fM verdoppeln (= 12 M).
3. Rd: Jede 2. fM verdoppeln (= 18 M).
4. Rd: Jede 3. fM verdoppeln (= 24 M).
5. Rd: Jede 4. fM verdoppeln (= 30 M).
6.-11. Rd: Jeweils 30 fM häkeln.
12. Rd: Jede 4. und 5. fM zusammen abmaschen (= 24 M).
13. Rd: 24 Relief-fM von hinten häkeln. Faden abschneiden und durchziehen.

Unterteil

(für die kleine Hälfte der Kapsel)

In Soft Apricot einen Magic-Ring anfertigen.

1. Rd: 6 fM in den Ring häkeln (= 6 M).
2. Rd: Jede fM verdoppeln (= 12 M).
3. Rd: Jede 2. fM verdoppeln (= 18 M).
4. Rd: Jede 3. fM verdoppeln (= 24 M).
5.-8. Rd: Jeweils 24 fM häkeln.
9. Rd: 23 fM häkeln. Mit 1 Km schließen. Faden abschneiden und durchziehen.

Punkt (4x)

In Weiß einen Magic-Ring anfertigen.

1. Rd: 5 fM in den Ring häkeln (= 5 M).
2. Rd: Jede fM verdoppeln (= 10 M).
3. Rd: Jede 2. fM verdoppeln (= 15 M).
Faden lang abschneiden und durchziehen. Weitere 3 Punkte ebenso häkeln.

Fertigstellen

Die Punkte zuerst feststecken und dann aufnähen. Die Augen mit Stickgarn in Schwarz aufsticken. Das Oberteil mit etwas Füllwatte leicht ausstopfen. Ober- und Unterteil so an der Kapsel ankleben, dass der Verbindungssteg der Kapsel auf der Rückseite ist. Mit 4 Überwendlingsstichen Ober- und Unterteil über dem Steg zusammennähen. Alle Fäden vernähen.

Schlaue Maus

versprüht gute Laune

MATERIAL

- Schachenmayr Catania (LL 125 m/50 g) in Schwarz (Fb 110), Signalrot (Fb 115) und Soft Apricot (Fb 263), je 50 g, in Vanille (Fb 403), Rest
- Häkelnadel 3,0 mm
- 2 Perlen in Schwarz, ø 3 mm
- Perle in Schwarz, ø 4 mm
- Heißkleber

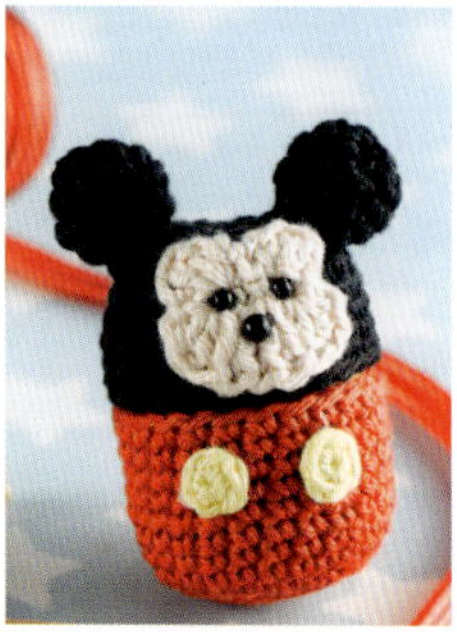

Anleitung

Alle Teile werden in Spiral-Rd gearbeitet.

Oberteil

In Schwarz einen Magic-Ring anfertigen.
1. Rd: 6 fM in den Ring häkeln (= 6 M).
2. Rd: Jede fM verdoppeln (= 12 M).
3. Rd: Jede 2. fM verdoppeln (= 18 M).
4. Rd: Jede 3. fM verdoppeln (= 24 M).
5.-9. Rd: Jeweils 24 fM häkeln.
10. Rd: 23 fM häkeln. Mit 1 Km schließen.
Faden abschneiden und durchziehen.

Unterteil

In Signalrot einen Magic-Ring anfertigen.
1. Rd: 6 fM in den Ring häkeln (= 6 M).
2. Rd: Jede fM verdoppeln (= 12 M).
3. Rd: Jede 2. fM verdoppeln (= 18 M).
4. Rd: Jede 3. fM verdoppeln (= 24 M).
5.-11. Rd: Jeweils 24 fM häkeln.
12. Rd: 23 fM häkeln. Mit 1 Km schließen.
Faden abschneiden und durchziehen.

Gesicht

In Soft Apricot 4 Lm anschl. Dann die Lm-Kette von beiden Seiten behäkeln.
1. Rd: Ab der 2. Lm ab Nd 3 fM. An der Unterseite der Lm-Kette (1 hStb, 2 Stb, 1 hStb, 1 Lm) in 1 M, 1 Km, (1 Lm, 1 hStb, 2 Stb, 1 hStb) in 1 M, 1 Km in die oberste Lm des Rd-Beginns.
2. Rd: (1 hStb, 2 Stb) in 1 M, 3 Stb in 1 M, (2 Stb, 1 hStb) in 1 M, 1 Km. Die restlichen M bleiben unbehäkelt.
Faden abschneiden und durchziehen.

Ohr (2x)

In Schwarz einen Magic-Ring anfertigen.
1. Rd: 5 fM in den Ring häkeln (= 5 M).
2. Rd: Jede fM verdoppeln (= 10 M).
3.+4. Rd: Jeweils 10 fM häkeln.
5. Rd: Jeweils 2 fM zusammen abmaschen (= 5 M).
Faden lang abschneiden und durchziehen.
Das 2. Ohr ebenso häkeln.

Knopf (2x)

In Vanille einen Magic-Ring anfertigen.
1. Rd: 5 fM in den Ring häkeln und mit 1 Km zur Rd schließen.
Faden lang abschneiden und durchziehen.
Den 2. Knopf ebenso häkeln.

Fertigstellen

Die Ohren und das Gesicht zuerst feststecken und dann aufnähen. Die Perlen mit ø 3 mm als Augen und die Perle mit ø 4 mm als Nase aufnähen. Die Knöpfe aufnähen oder aufkleben. Ober- und Unterteil so an der Kapsel ankleben, dass der Verbindungssteg der Kapsel auf der Rückseite ist. Mit 4 Überwendlingsstichen Ober- und Unterteil über dem Steg zusammennähen. Alle Fäden vernähen.

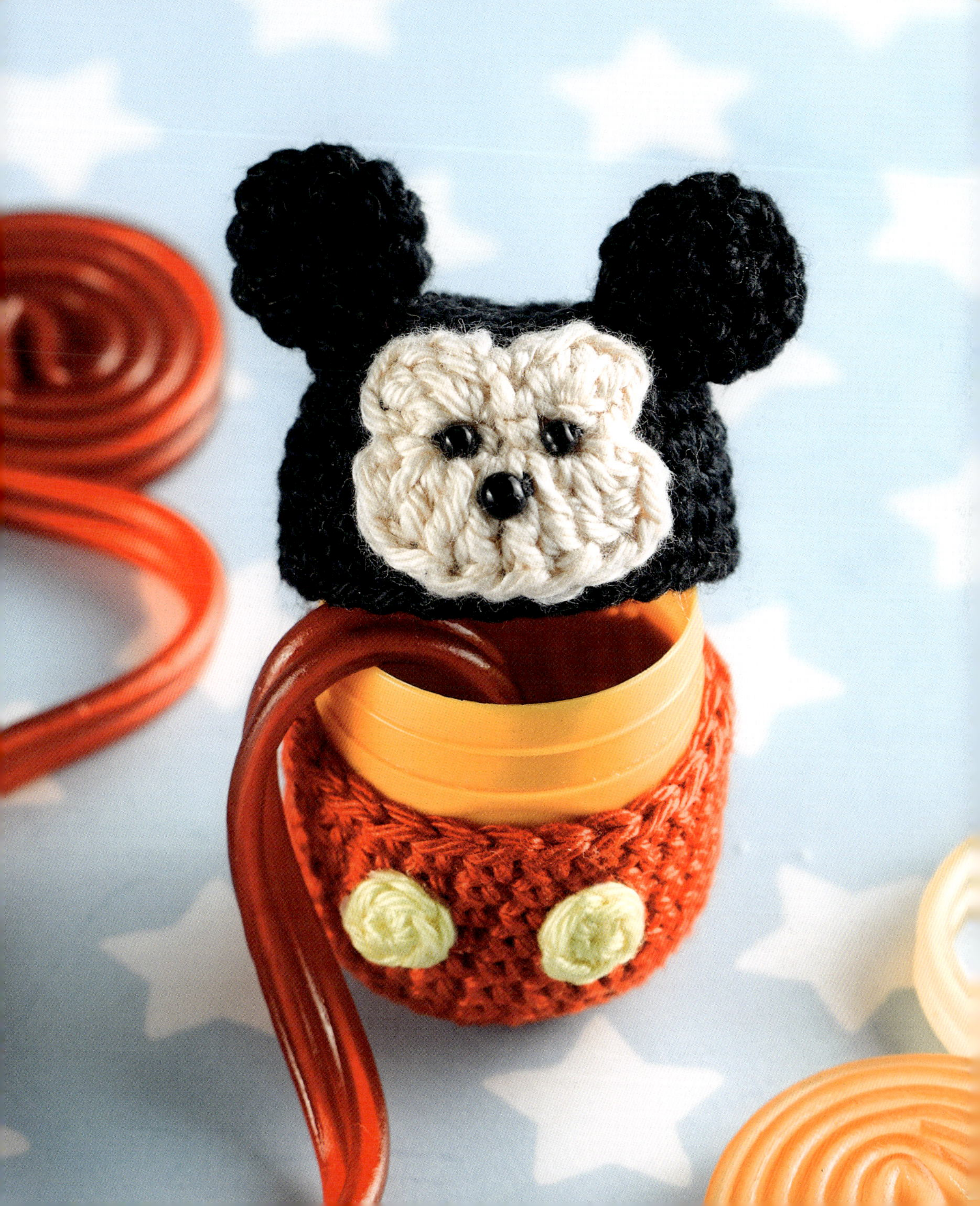

Fröhliche Mäusedame

liebt auffälligen Haarschmuck

MATERIAL

- Schachenmayr Catania (LL 125 m/50 g) in Schwarz (Fb 110), Pink (Fb 225) und Soft Apricot (Fb 263), je 50 g, in Weiß (Fb 106), Rest
- Häkelnadel 3,0 mm
- 2 Perlen in Schwarz, ø 3 mm
- Perle in Schwarz, ø 4 mm
- Heißkleber

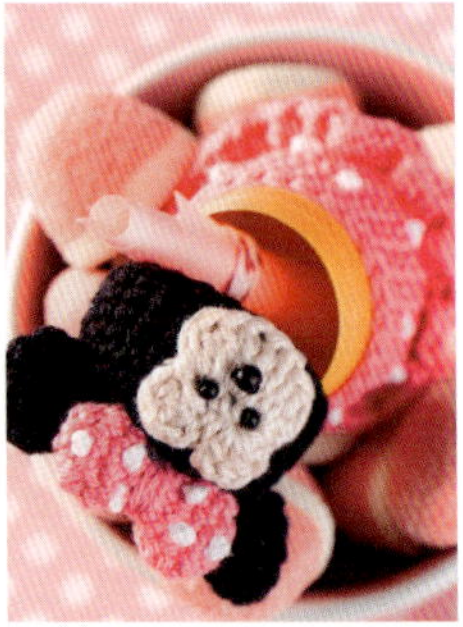

Anleitung

Alle Teile werden in Spiral-Rd gearbeitet.

Oberteil

In Schwarz einen Magic-Ring anfertigen.
1. Rd: 6 fM in den Ring häkeln (= 6 M).
2. Rd: Jede fM verdoppeln (= 12 M).
3. Rd: Jede 2. fM verdoppeln (= 18 M).
4. Rd: Jede 3. fM verdoppeln (= 24 M).
5.-9. Rd: Jeweils 24 fM häkeln.
10. Rd: 23 fM häkeln. Mit 1 Km schließen.
Faden abschneiden und durchziehen.

Unterteil

In Weiß einen Magic-Ring anfertigen.
1. Rd: 6 fM in den Ring häkeln (= 6 M).
2. Rd: Jede fM verdoppeln (= 12 M).
3. Rd: Jede 2. fM verdoppeln (= 18 M).
4. Rd: Jede 3. fM verdoppeln (= 24 M).
5. Rd: 24 fM häkeln.
Faden abschneiden und durchziehen.
6. Rd (Pink): 24 fM häkeln.
7. Rd: 24 fM in die hinteren M-Glieder häkeln.
8.-11. Rd: Jeweils 24 fM häkeln.
14. Rd: 23 fM häkeln. Mit 1 Km schließen.
Faden abschneiden und durchziehen.
In einem vorderen M-Glied der 6. Rd in Pink anschlingen und die Rüschen arb. Dafür in jede M 3 hStb häkeln.
Faden abschneiden und durchziehen.

Gesicht

In Soft Apricot 4 Lm anschl. Dann die Lm-Kette von beiden Seiten behäkeln.
1. Rd: Ab der 2. Lm ab Nd 3 fM. An der Unterseite der Lm-Kette (1 hStb, 2 Stb, 1 hStb, 1 Lm) in 1 M, 1 Km, (1 Lm, 1 hStb, 2 Stb, 1 hStb) in 1 M, 1 Km in die oberste Lm des Rd-Beginns.
2. Rd: (1 hStb, 2 Stb) in 1 M, 3 Stb in 1 M, (2 Stb, 1 hStb) in 1 M, 1 Km. Die restlichen M bleiben unbehäkelt.
Faden abschneiden und durchziehen.

Ohr (2x)

In Schwarz einen Magic-Ring anfertigen.
1. Rd: 5 fM in den Ring häkeln (= 5 M).
2. Rd: Jede fM verdoppeln (= 10 M).
3.+4. Rd: Jeweils 10 fM häkeln.
5. Rd: Jeweils 2 fM zusammen abmaschen (= 5 M).
Faden lang abschneiden und durchziehen.
Das 2. Ohr ebenso häkeln.

Schleife

In Pink einen Magic-Ring anfertigen.
1. Rd: 5 fM in den Ring häkeln (= 5 M).
2. Rd: Jede fM verdoppeln (= 10 M).
3. Rd: 10 fM häkeln.
4. Rd: Jede 4. und 5. fM zusammen abmaschen (= 8 M).
5. Rd: Jede 4. fM verdoppeln (= 10 M).
6. Rd: 10 fM häkeln.
7. Rd: Jeweils 2 fM zusammen abmaschen (= 5 M).
Faden lang abschneiden und durchziehen.

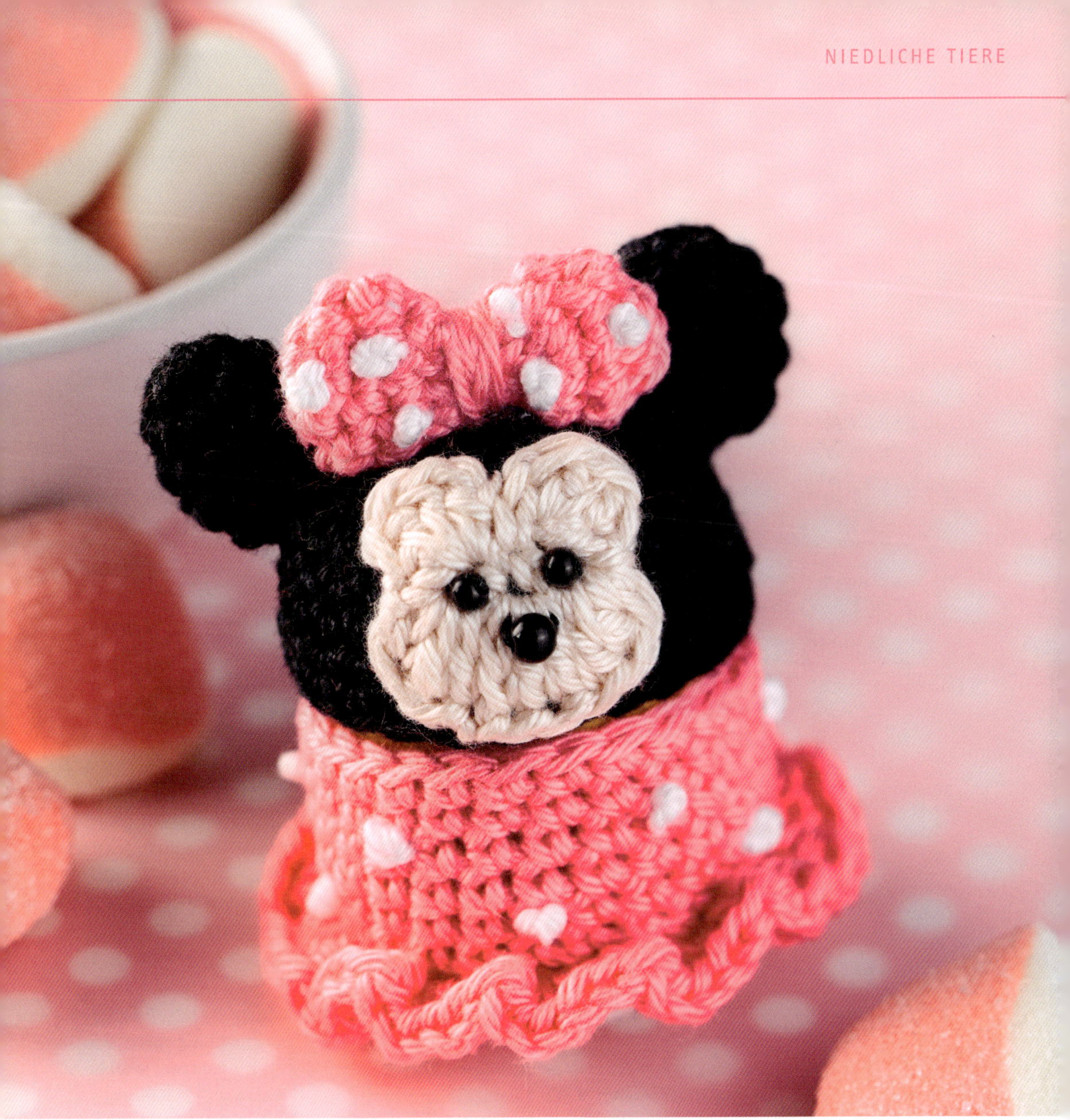

Fertigstellen

Die Ohren und das Gesicht zuerst feststecken und dann aufnähen. Die Perlen mit ø 3 mm als Augen und die Perle mit ø 4 mm als Nase aufnähen. Die Schleife mittig mit einem ca. 10 cm langen Faden in Pink 5x umwickeln. Den Faden vernähen und die Schleife aufnähen oder aufkleben. In Weiß Punkte im Knötchenstich auf der Schleife und dem Kleid aufsticken. Ober- und Unterteil so an der Kapsel ankleben, dass der Verbindungssteg der Kapsel auf der Rückseite ist. Mit 4 Überwendlingsstichen Ober- und Unterteil über dem Steg zusammennähen. Alle Fäden vernähen.

Schelmischer Kobold

klein, blau und frech

MATERIAL

- Schachenmayr Catania (LL 125 m/50 g) in Capri (Fb 384) und Weiß (Fb 106), je 50 g
- Häkelnadel 3,0 mm
- 2 Perlen in Schwarz, ø 4 mm
- Stickgarn in Schwarz
- Heißkleber

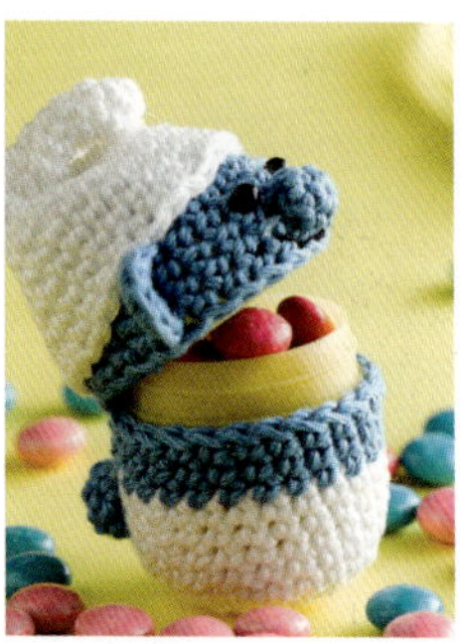

Anleitung

Alle Teile werden in Spiral-Rd gearbeitet.

Oberteil

In Capri einen Magic-Ring anfertigen.
1. Rd: 6 fM in den Ring häkeln (= 6 M).
2. Rd: Jede fM verdoppeln (= 12 M).
3. Rd: Jede 2. fM verdoppeln (= 18 M).
4. Rd: Jede 3. fM verdoppeln (= 24 M).
5.-8. Rd: Jeweils 24 fM häkeln.
9. Rd: 23 fM häkeln. Mit 1 Km schließen.
Faden abschneiden und durchziehen.

Unterteil

In Weiß einen Magic-Ring anfertigen.
1. Rd: 6 fM in den Ring häkeln (= 6 M).
2. Rd: Jede fM verdoppeln (= 12 M).
3. Rd: Jede 2. fM verdoppeln (= 18 M).
4. Rd: Jede 3. fM verdoppeln (= 24 M).
5.-9. Rd: Jeweils 24 fM häkeln.
Faden abschneiden und durchziehen.
10.+11. Rd (Capri): Jeweils 24 fM häkeln.
12. Rd: 23 fM häkeln. Mit 1 Km schließen.
Faden abschneiden und durchziehen.

Ohr (2x)

In Capri einen Magic-Ring anfertigen.
1. Rd: 2 Lm, 6 hStb in den Ring häkeln.
Faden lang abschneiden und durchziehen.
Den Magic-Ring zuziehen, die M nicht zum Ring, sondern zum Halbkreis formen.
Das 2. Ohr ebenso häkeln.

Nase

In Capri einen Magic-Ring anfertigen.
1. Rd: 5 fM in den Ring häkeln.
2. Rd: 5 fM häkeln.
Faden lang abschneiden und durchziehen.

Schwänzchen

In Capri einen Magic-Ring anfertigen.
1. Rd: 6 fM in den Ring häkeln.
2.+3. Rd: 6 fM häkeln.
Faden lang abschneiden und durchziehen.

Mütze

In Weiß einen Magic-Ring anfertigen.
1. Rd: 6 fM in den Ring häkeln (= 6 M).
2. Rd: Jede 3. fM verdoppeln (= 8 M).
3. Rd: 8 fM häkeln.
4. Rd: Jede 4. fM verdoppeln (= 10 M).
5. Rd: Jede 5. fM verdoppeln (= 12 M).
6. Rd: Jede 4. fM verdoppeln (= 15 M).
7. Rd: 15 fM häkeln.
8. Rd: Jede 5. fM verdoppeln (= 18 M).
9. Rd: 18 fM häkeln.
10. Rd: Jede 3. fM verdoppeln (= 24 M).
11. Rd: Jede 6. fM verdoppeln (= 28 M).
Faden abschneiden und durchziehen.

Fertigstellen

Mütze, Nase und Ohren zuerst feststecken und dann aufnähen. Den Zipfel der Mütze nach vorne biegen und etwas fixieren. Die Perlen als Augen aufnähen. Den Mund mit Stickgarn in Schwarz aufsticken. Ober- und Unterteil so an der Kapsel ankleben, dass der Verbindungssteg der Kapsel auf der Rückseite ist. Mit 4 Überwendlingsstichen Ober- und Unterteil über dem Steg zusammennähen. Alle Fäden vernähen.

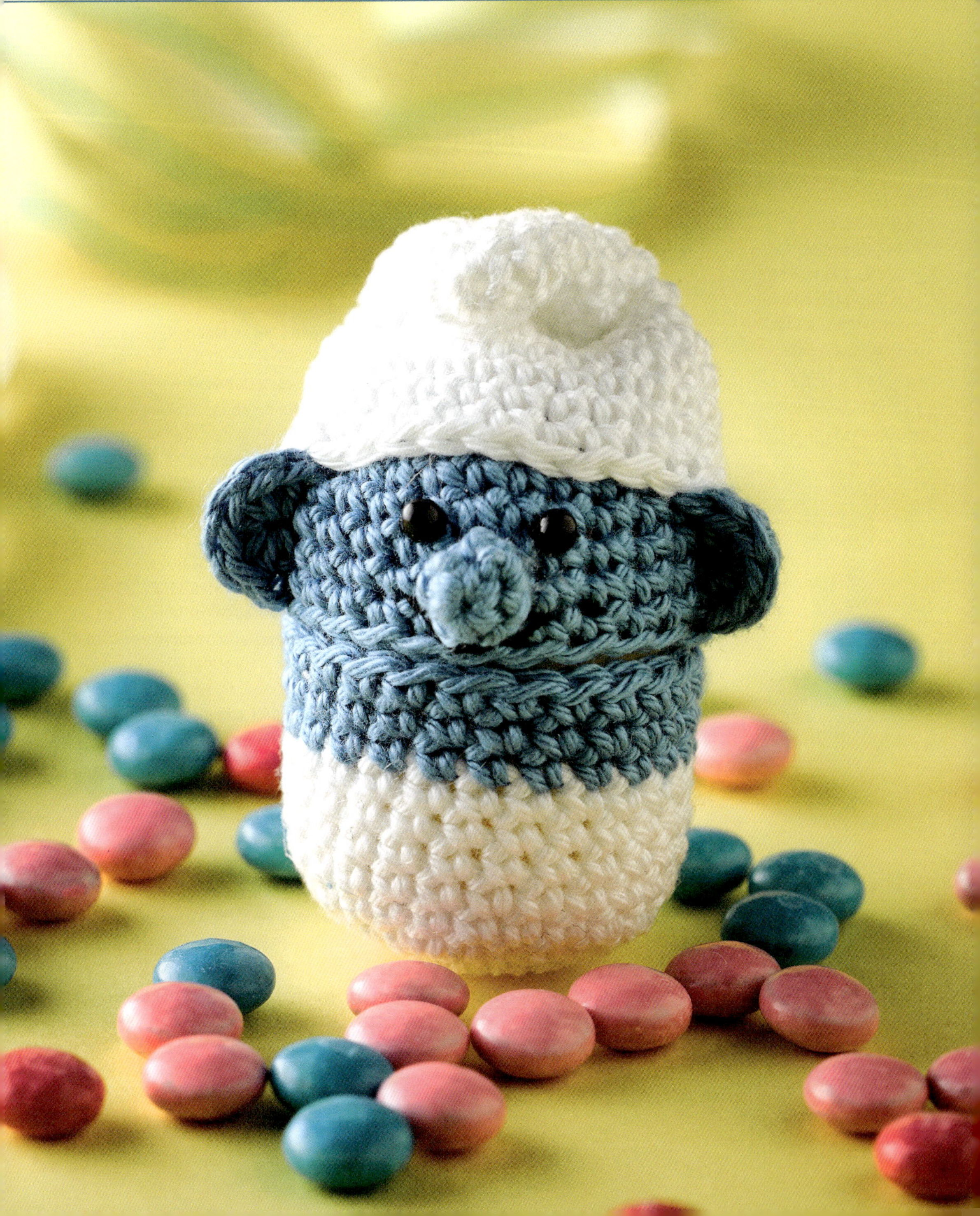

Weiser Kobold

weiß immer Rat

MATERIAL

- Schachenmayr Catania (LL 125 m/50 g) in Capri (Fb 384) und Signalrot (Fb 115), je 50 g, in Weiß (Fb 106), Rest
- Häkelnadel 3,0 mm
- 2 Perlen in Schwarz, ø 4 mm
- Heißkleber

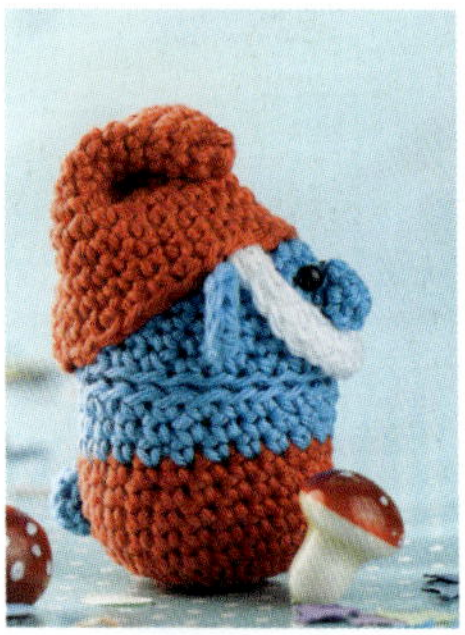

Anleitung

Alle Teile mit Ausnahme des Barts werden in Spiral-Rd gearbeitet.

Oberteil

In Capri einen Magic-Ring anfertigen.
1. Rd: 6 fM in den Ring häkeln (= 6 M).
2. Rd: Jede fM verdoppeln (= 12 M).
3. Rd: Jede 2. fM verdoppeln (= 18 M).
4. Rd: Jede 3. fM verdoppeln (= 24 M).
5.–8. Rd: Jeweils 24 fM häkeln.
9. Rd: 23 fM häkeln. Mit 1 Km schließen.
Faden abschneiden und durchziehen.

Unterteil

In Signalrot einen Magic-Ring anfertigen.
1. Rd: 6 fM in den Ring häkeln (= 6 M).
2. Rd: Jede fM verdoppeln (= 12 M).
3. Rd: Jede 2. fM verdoppeln (= 18 M).
4. Rd: Jede 3. fM verdoppeln (= 24 M).
5.–9. Rd: Jeweils 24 fM häkeln.
Faden abschneiden und durchziehen.
10.+11. Rd (Capri): Jeweils 24 fM häkeln.
12. Rd: 23 fM häkeln. Mit 1 Km schließen.
Faden abschneiden und durchziehen.

Ohr (2x)

In Capri einen Magic-Ring anfertigen.
1. Rd: 2 Lm, 6 hStb in den Ring häkeln.
Faden lang abschneiden und durchziehen. Den Magic-Ring zuziehen, die M nicht zum Ring, sondern zum Halbkreis formen. Das 2. Ohr ebenso häkeln.

Nase

In Capri einen Magic-Ring anfertigen.
1. Rd: 5 fM in den Ring häkeln.
2. Rd: 5 fM häkeln.
Faden lang abschneiden und durchziehen.

Schwänzchen

In Capri einen Magic-Ring anfertigen.
1. Rd: 6 fM in den Ring häkeln.
2.+3. Rd: 6 fM häkeln.
Faden lang abschneiden und durchziehen.

Bart

In Weiß 11 Lm anschl.
1. R: Ab der 2. Lm ab Nd 2 fM, 1 hStb, 4 hStb verdoppeln,1 hStb, 2 fM.
Faden lang abschneiden und durchziehen.

Mütze

In Signalrot einen Magic-Ring anfertigen.
1. Rd: 6 fM in den Ring häkeln (= 6 M).
2. Rd: Jede 3. fM verdoppeln (= 8 M).
3. Rd: 8 fM häkeln.
4. Rd: Jede 4. fM verdoppeln (= 10 M).
5. Rd: Jede 5. fM verdoppeln (= 12 M).
6. Rd: Jede 4. fM verdoppeln (= 15 M).
7. Rd: 15 fM häkeln.
8. Rd: Jede 5. fM verdoppeln (= 18 M).
9. Rd: 18 fM häkeln.
10. Rd: Jede 3. fM verdoppeln (= 24 M).
11. Rd: Jede 6. fM verdoppeln (= 28 M).
Faden abschneiden und durchziehen.

Fertigstellen

Mütze, Bart, Nase und Ohren zuerst feststecken und dann aufnähen. Den Zipfel der Mütze nach vorne biegen und etwas fixieren. Die Perlen als Augen aufnähen. Ober- und Unterteil so an der Kapsel ankleben, dass der Verbindungssteg der Kapsel auf der Rückseite ist. Mit 4 Überwendlingsstichen Ober- und Unterteil über dem Steg zusammennähen. Alle Fäden vernähen.

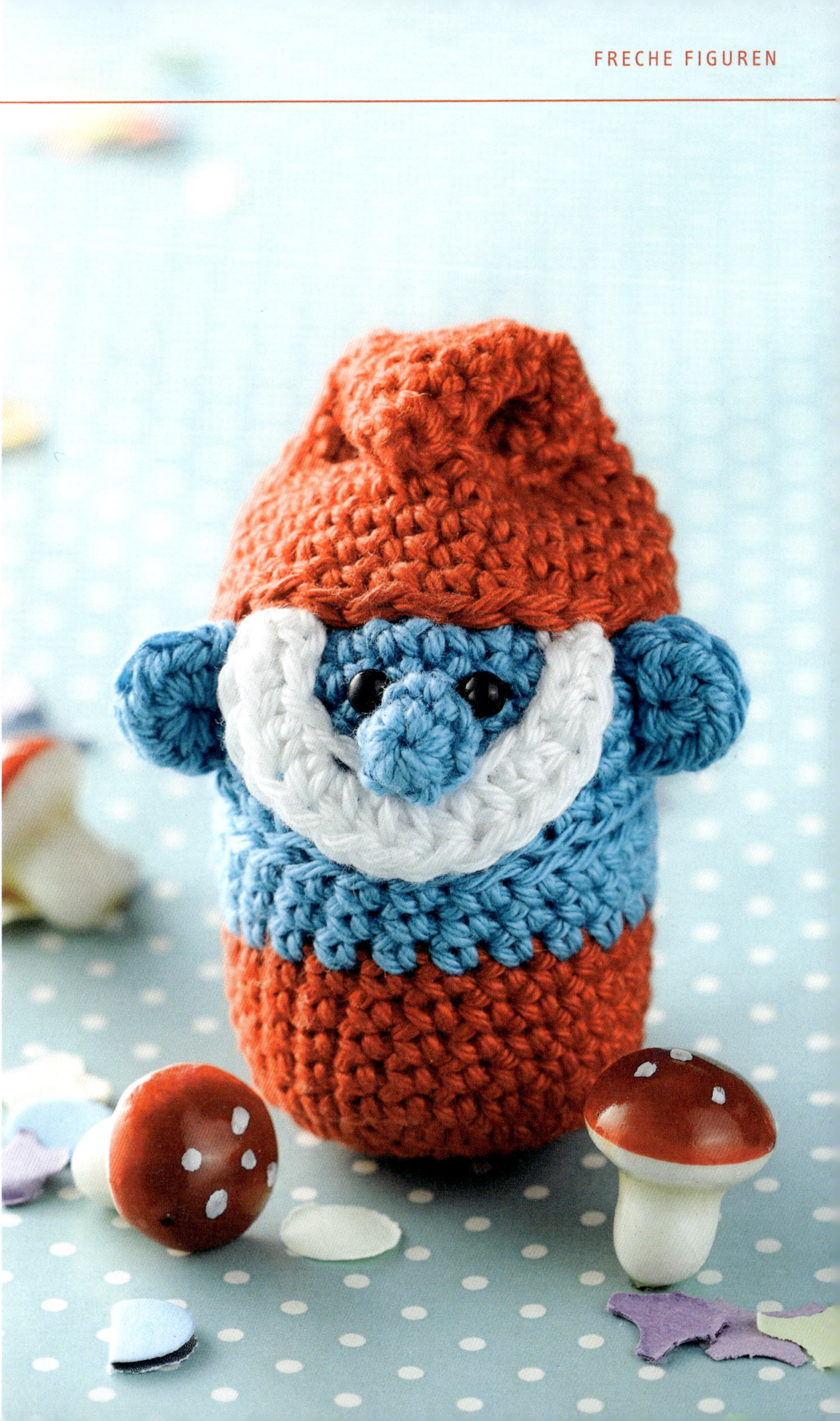

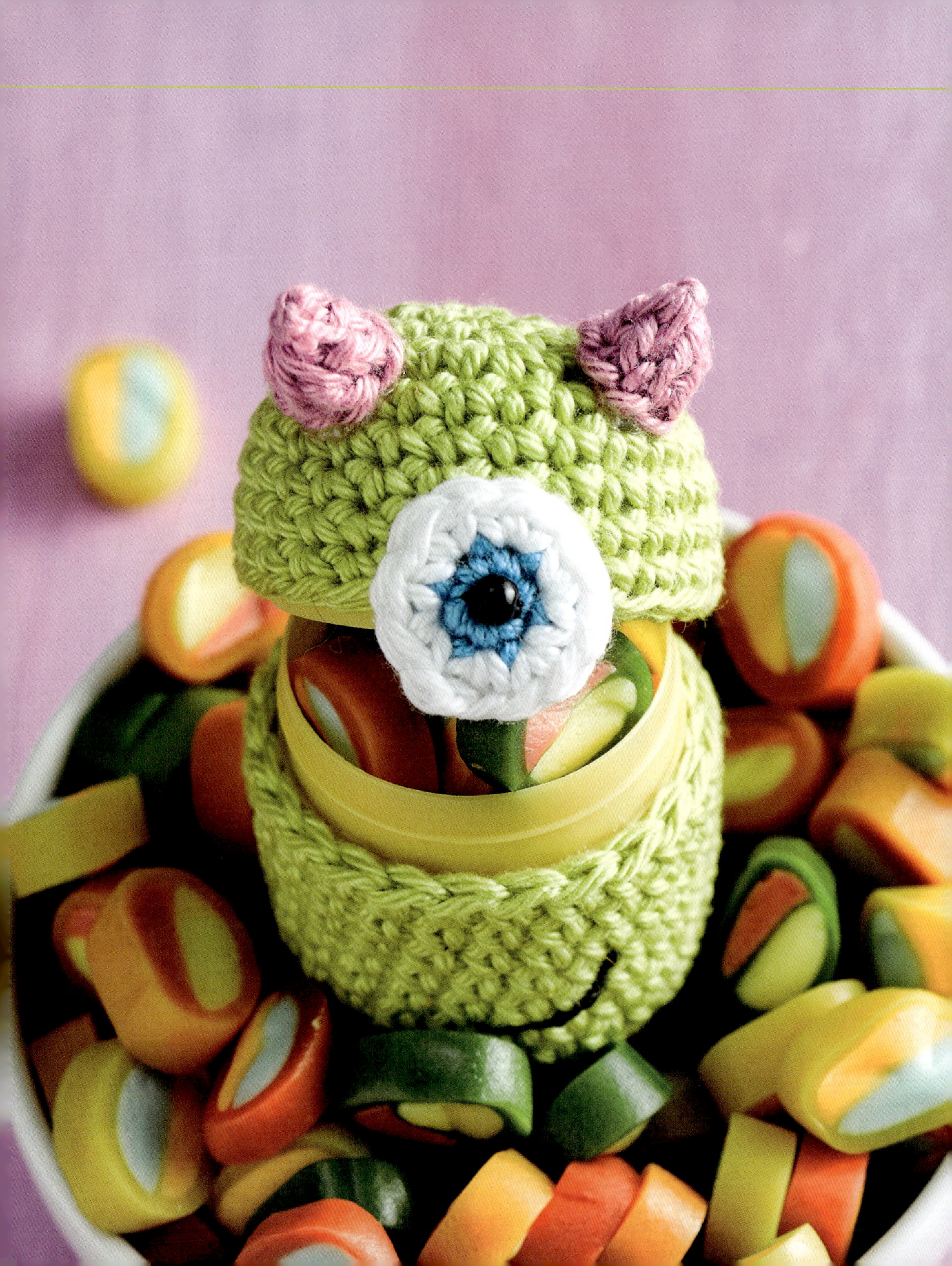

Einäugiges Monster

grüner Sympathieträger

MATERIAL

- Schachenmayr Catania (LL 125 m/50 g) in Anis (Fb 245), 50 g, in Capri (Fb 384), Weiß (Fb 106) und Azalee (Fb 398), Reste
- Häkelnadel 3,0 mm
- Perle in Schwarz, ø 4 mm
- Stickgarn in Schwarz
- Heißkleber

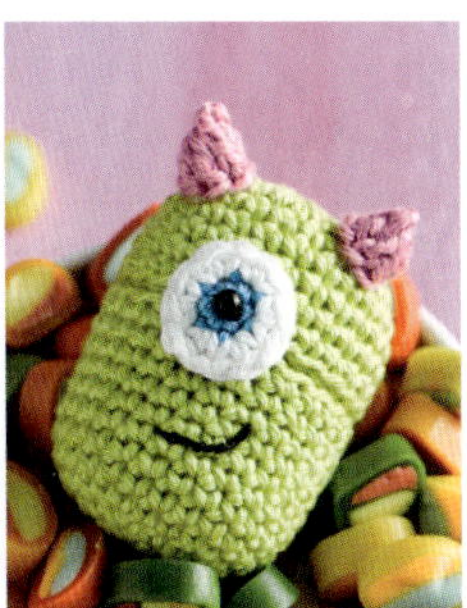

Anleitung

Alle Teile mit Ausnahme des Auges werden in Spiral-Rd gearbeitet.

Oberteil

In Anis einen Magic-Ring anfertigen.
1. Rd: 6 fM in den Ring häkeln (= 6 M).
2. Rd: Jede fM verdoppeln (= 12 M).
3. Rd: Jede 2. fM verdoppeln (= 18 M).
4. Rd: Jede 3. fM verdoppeln (= 24 M).
5.-8. Rd: Jeweils 24 fM häkeln.
9. Rd: 23 fM häkeln. Mit 1 Km schließen.
Faden abschneiden und durchziehen.

Unterteil

In Anis einen Magic-Ring anfertigen.
1. Rd: 6 fM in den Ring häkeln (= 6 M).
2. Rd: Jede fM verdoppeln (= 12 M).
3. Rd: Jede 2. fM verdoppeln (= 18 M).
4. Rd: Jede 3. fM verdoppeln (= 24 M).
5.-11. Rd: Jeweils 24 fM häkeln.
12. Rd: 23 fM häkeln. Mit 1 Km schließen.
Faden abschneiden und durchziehen.

Horn (2x)

In Azalee einen Magic-Ring anfertigen.
1. Rd: 2 Lm, 6 Stb häkeln. Mit 1 Km in die oberste Lm schließen.
Faden lang abschneiden, durchziehen und in eine Wollnd fädeln. Die 2 Lm mit dem 6. Stb zusammennähen. Den Magic-Ring (= Spitze des Horns) fest zusammenziehen und mit 3 Überwendlingsstichen eine Spitze formen.
Das 2. Horn ebenso häkeln.

Auge

In Capri einen Magic-Ring anfertigen. In geschlossenen Rd arb.
1. Rd: 6 fM in den Ring häkeln (= 6 M). Mit 1 Km schließen.
Faden abschneiden und durchziehen.
2. Rd (Weiß): 1 Lm, jede fM verdoppeln (= 12 M). Mit 1 Km schließen.
Faden lang abschneiden und durchziehen.

Fertigstellen

Hörner und Auge zuerst feststecken und dann aufnähen. Das Auge wird nur mit der oberen Hälfte am Oberteil festgenäht. Die untere Hälfte liegt auf dem Unterteil und wird nicht festgenäht. Die Perle als Auge aufnähen. Den Mund mit Stickgarn in Schwarz aufsticken. Ober- und Unterteil so an der Kapsel ankleben, dass der Verbindungssteg der Kapsel auf der Rückseite ist. Mit 4 Überwendlingsstichen Ober- und Unterteil über dem Steg zusammennähen. Alle Fäden vernähen.

Zotteliges Monster

gar nicht mal so mutig ...

MATERIAL

- Schachenmayr Catania (LL 125 m/50 g) in Pfau (Fb 146), 50 g, in Weiß (Fb 106), Sand (Fb 404) und Lavendel (Fb 422), Reste
- Füllwatte, Rest
- Häkelnadel 3,0 mm
- 2 Perlen in Schwarz, ø 4 mm
- Stickgarn in Schwarz
- Heißkleber

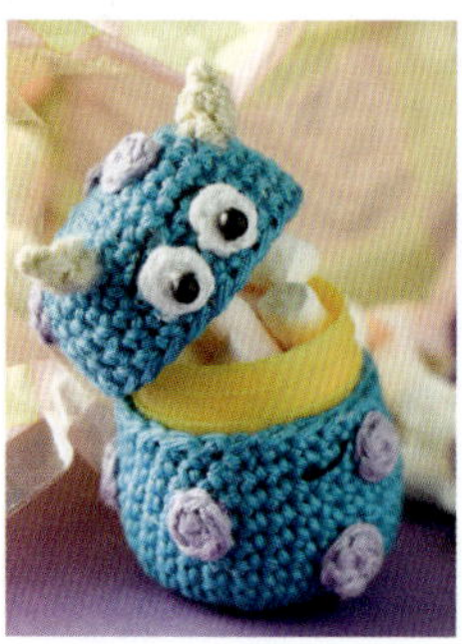

Anleitung

Alle Teile werden in Spiral-Rd gearbeitet.

Oberteil

In Pfau einen Magic-Ring anfertigen.
1. Rd: 6 fM in den Ring häkeln (= 6 M).
2. Rd: Jede fM verdoppeln (= 12 M).
3. Rd: Jede 2. fM verdoppeln (= 18 M).
4. Rd: Jede 3. fM verdoppeln (= 24 M).
5.-8. Rd: Jeweils 24 fM häkeln.
9. Rd: 23 fM häkeln. Mit 1 Km schließen.
Faden abschneiden und durchziehen.

Unterteil

In Pfau einen Magic-Ring anfertigen.
1. Rd: 6 fM in den Ring häkeln (= 6 M).
2. Rd: Jede fM verdoppeln (= 12 M).
3. Rd: Jede 2. fM verdoppeln (= 18 M).
4. Rd: Jede 3. fM verdoppeln (= 24 M).
5. Rd: Jede 4. fM verdoppeln (= 30 M).
6.-11. Rd: Jeweils 30 fM häkeln.
12. Rd: Jede 9. und 10. fM zusammen abmaschen (= 27 M).
12. Rd: Jede 8. und 9. fM zusammen abmaschen (= 24 M).
Faden abschneiden und durchziehen.

Horn (2x)

In Sand einen Magic-Ring anfertigen.
1. Rd: 2 Lm, 6 Stb häkeln. Mit 1 Km in die oberste Lm schließen.
Faden lang abschneiden, durchziehen und in eine Wollnd fädeln. Die 2 Lm mit dem 6. Stb zusammennähen. Den Magic-Ring (= Spitze des Horns) fest zusammenziehen und mit 3 Überwendlingsstichen eine Spitze formen.
Das 2. Horn ebenso häkeln.

Kleiner Fleck (4x)

In Lavendel einen Magic-Ring anfertigen.
1. Rd: 5 fM in den Ring häkeln (= 5 M).
Faden lang abschneiden und durchziehen.
Noch 3 weitere Flecken ebenso häkeln.

Großer Fleck (6x)

In Lavendel einen Magic-Ring anfertigen.
1. Rd: 6 fM in den Ring häkeln (= 6 M).
Faden lang abschneiden und durchziehen.
Noch 5 weitere Flecken ebenso häkeln.

Auge (2x)

In Weiß einen Magic-Ring anfertigen.
1. Rd: 5 fM in den Ring häkeln (= 5 M).
Faden lang abschneiden und durchziehen.
Das 2. Auge ebenso häkeln.

Fertigstellen

Flecken, Augen und Hörner zuerst feststecken und dann aufnähen. Die Perlen als Augen aufnähen. Das Unterteil mit etwas Füllwatte leicht ausstopfen. Den Mund und die Augenbrauen mit Stickgarn in Schwarz aufsticken. Ober- und Unterteil so an der Kapsel ankleben, dass der Verbindungssteg der Kapsel auf der Rückseite ist. Mit 4 Überwendlingsstichen Ober- und Unterteil über dem Steg zusammennähen. Alle Fäden vernähen.

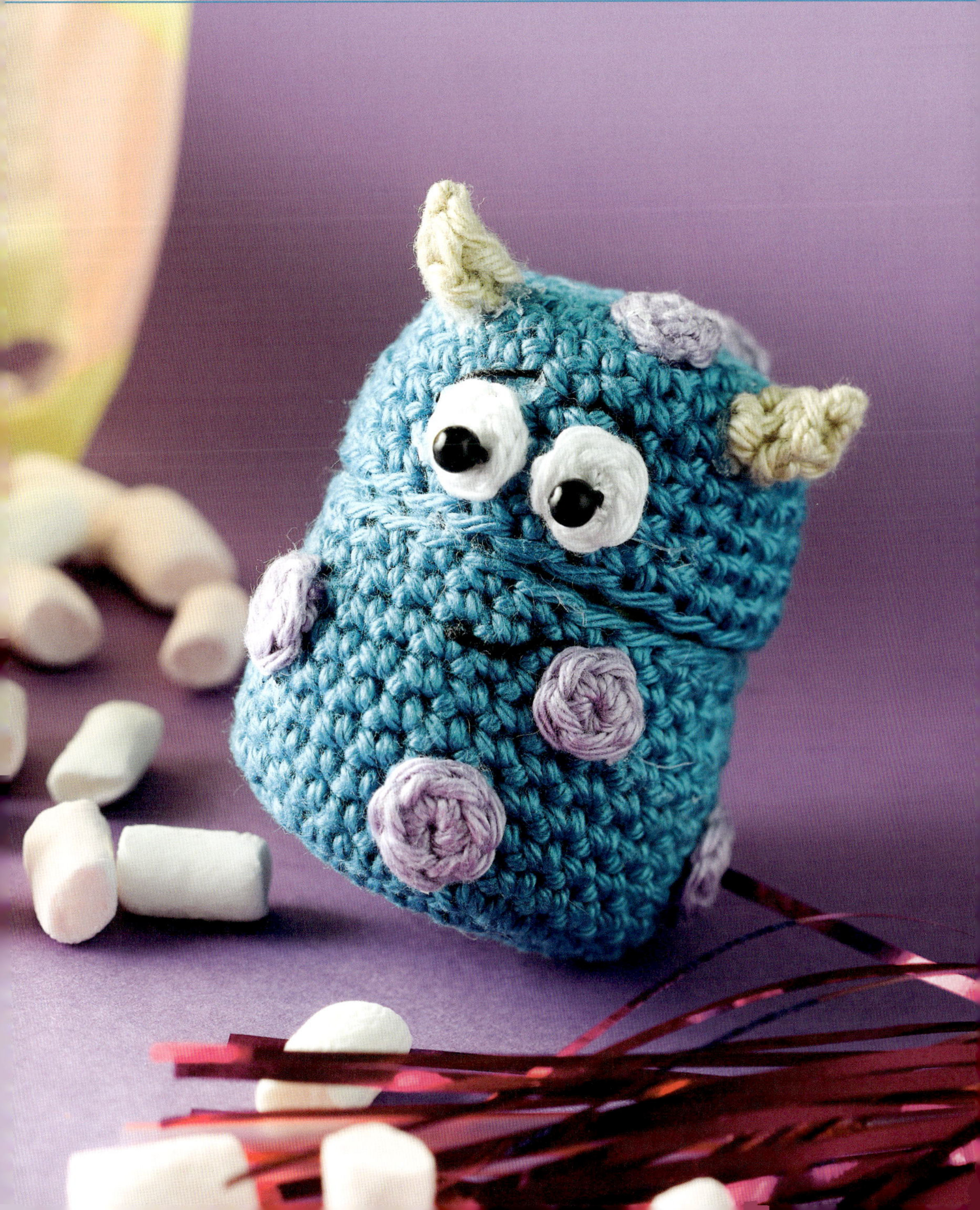

Schwebendes Alien

neugierig und niedlich

MATERIAL

- Schachenmayr Catania (LL 125 m/50 g) in Khaki (Fb 212) und Camel (Fb 179), je 50 g
- Häkelnadel 3,0 mm
- 2 Perlen in Schwarz, ø 4 mm
- Heißkleber

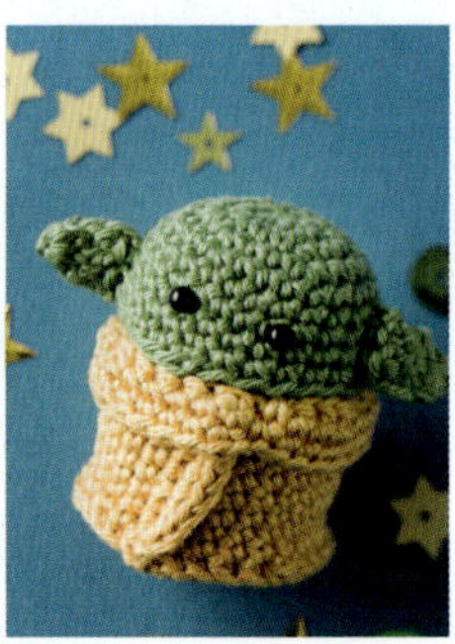

Anleitung

Das Oberteil wird in Spiral-Rd, das Unterteil in geschlossenen Rd gearbeitet.

Oberteil

In Khaki einen Magic-Ring anfertigen.
1. Rd: 6 fM in den Ring häkeln (= 6 M).
2. Rd: Jede fM verdoppeln (= 12 M).
3. Rd: Jede 2. fM verdoppeln (= 18 M).
4. Rd: Jede 3. fM verdoppeln (= 24 M).
5.-8. Rd: Jeweils 24 fM häkeln.
9. Rd: 23 fM häkeln. Mit 1 Km schließen.
Faden abschneiden und durchziehen.

Unterteil

In Camel einen Magic-Ring anfertigen.
1. Rd: 6 fM in den Ring häkeln (= 6 M).
Weiter in geschlossenen Rd arb. Dafür jede Rd mit 1 Steige-Lm beginnen und 1 Km enden.
2. Rd: Jede fM verdoppeln (= 12 M).
3. Rd: Jede 2. fM verdoppeln (= 18 M).
4. Rd: Jede 3. fM verdoppeln (= 24 M).
5. Rd: Jede 4. fM verdoppeln (= 30 M).
6. Rd: Relief-fM von hinten arb. Jede 5. und 6. Relief-fM von hinten zusammen abmaschen (= 24 M).
7.-14. Rd: Jeweils 24 fM häkeln.
Faden sehr lang abschneiden und durchziehen.
Weiter mit dem Faden auf die Km der Rd-Enden der 13.-6. Rd jeweils 1 fM häkeln.
Faden abschneiden und durchziehen.
Für den Kragen in der letzten Km der 14. Rd neu anschlingen. Die Arbeit so halten, dass die 1. Rd des Unterteils oben ist.
15. Rd: Relief-fM arb, jede 4. Relief-fM von hinten verdoppeln (= 30 M).
16.+17. Rd: Jeweils 30 fM häkeln.
Faden abschneiden und durchziehen.

Ohr (2x)

In Khaki einen Magic-Ring anfertigen.
1. Rd: 3 Lm, 3 DStb in den Ring häkeln.
Den Magic-Ring fest zusammenziehen (= Spitze des Ohrs).
Faden abschneiden und durchziehen.
Das 2. Ohr ebenso häkeln.

Fertigstellen

Die Ohren zuerst feststecken, dann aufnähen und in Form biegen. Den Kragen nach unten klappen. Die Perlen als Augen aufnähen. Ober- und Unterteil so an der Kapsel ankleben, dass der Verbindungssteg der Kapsel auf der Rückseite ist. Mit 4 Überwendlingsstichen Ober- und Unterteil über dem Steg zusammennähen. Alle Fäden vernähen.

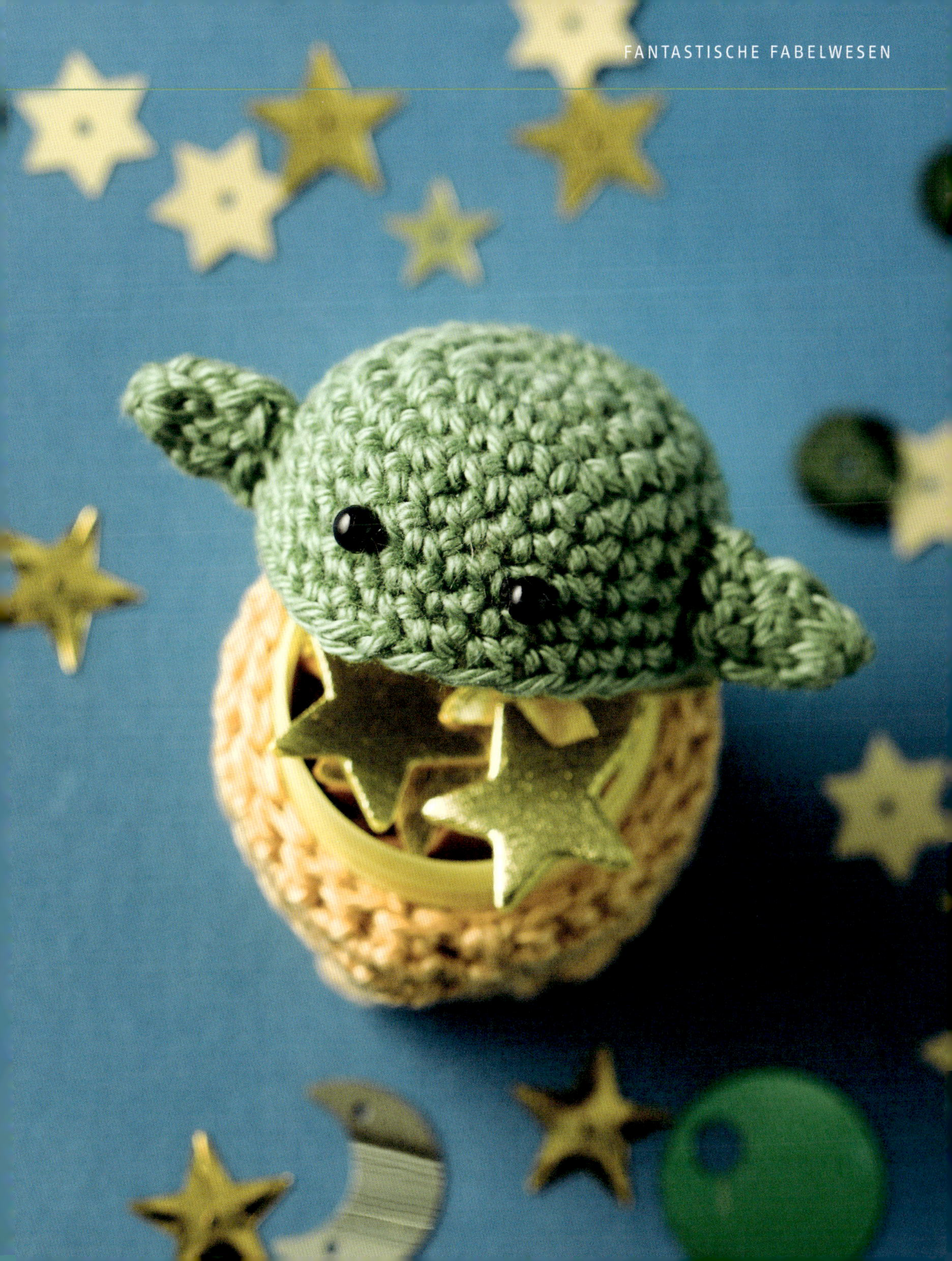

Sprechender Elefant

liebenswerter und hilfsbereiter Riese

MATERIAL

- Schachenmayr Catania (LL 125 m/50 g) in Rauchgrau (Fb 435), Signalrot (Fb 115), je 50 g, in Royal (Fb 201) und Löwenzahn (Fb 280), Reste
- Häkelnadel 3,0 mm
- 2 Perlen in Schwarz, ø 4 mm
- Heißkleber

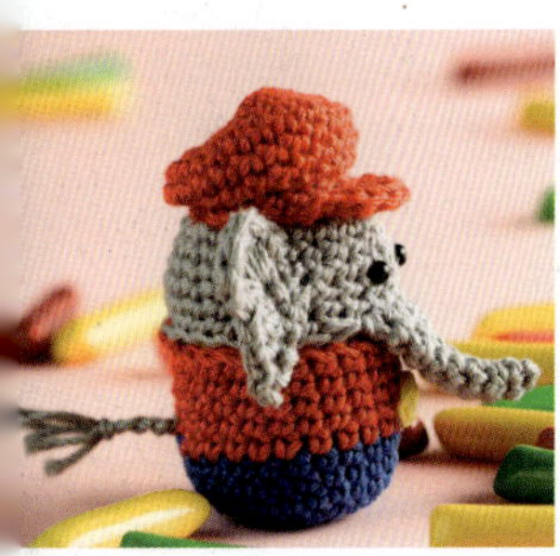

Anleitung

Alle Teile mit Ausnahme der Ohren werden in Spiral-Rd gearbeitet.

Oberteil und Rüssel

In Rauchgrau einen Magic-Ring anfertigen.
1. Rd: 6 fM in den Ring häkeln (= 6 M).
2. Rd: Jede fM verdoppeln (= 12 M).
3. Rd: Jede 2. fM verdoppeln (= 18 M).
4. Rd: Jede 3. fM verdoppeln (= 24 M).
5.-9. Rd: Jeweils 24 fM häkeln.
Nun für den Rüssel wie folgt weiterhäkeln.
10. Rd: 5 fM in die vorderen M-Glieder häkeln, dann zurück 5 fM in die hinteren M-Glieder derselben M arb. Mit 1 Km die Rd schließen (= 10 M).
11. Rd: 10 fM häkeln.
12. Rd: Jede 4. und 5. fM zusammen abmaschen (= 8 M).
13.-15. Rd: Jeweils 8 fM häkeln.
16. Rd: Jede 3. und 4. fM zusammen abmaschen (= 6 M).
17. Rd: 5 fM häkeln. Mit 1 Km schließen.
Faden abschneiden und durchziehen.

Unterteil

In Royal einen Magic-Ring anfertigen.
1. Rd: 6 fM in den Ring häkeln (= 6 M).
2. Rd: Jede fM verdoppeln (= 12 M).
3. Rd: Jede 2. fM verdoppeln (= 18 M).
4. Rd: Jede 3. fM verdoppeln (= 24 M).
5.-7. Rd: Jeweils 24 fM häkeln.
8.-11. Rd (Signalrot): Jeweils 24 fM häkeln.
12. Rd: 23 fM häkeln. Mit 1 Km schließen.
Faden abschneiden und durchziehen.

Mütze

In Signalrot einen Magic-Ring anfertigen.
1. Rd: 6 fM in den Ring häkeln (= 6 M).
2. Rd: Jede fM verdoppeln (= 12 M).
3. Rd: Jede 2. fM verdoppeln (= 18 M).
4. Rd: Jede 3. fM verdoppeln (= 24 M).
5.-7. Rd: Jeweils 24 fM häkeln.
8. Rd: Jede 5. und 6. fM zusammen abmaschen (= 20 M).
9. Rd: 20 Relief-fM von vorne häkeln.
10. Rd: 1 Lm, (1 fM, 1 hStb) in 1 M, 3 Stb verdoppeln, (1 hStb, 1 fM) in 1 M, 1 Km.
Die restlichen M bleiben unbehäkelt.
Faden abschneiden und durchziehen.

Ohr (2x)

In Rauchgrau 5 Lm anschl.
1. R: 4 fM ab der 2. Lm ab Nd häkeln.
Wenden.
2. R: 4 Lm, 1 Km in die 2. Lm von der Nd aus, 2 hStb in die 1. M, 1 Stb, (1 hStb, 4 DStb in 1 M), 1 M überspringen, 1 Km in die Wende-Lm der 1. Rd.
Faden lang abschneiden und durchziehen.
Das 2. Ohr ebenso häkeln.

Knopf

In Löwenzahn einen Magic-Ring anfertigen.
1. Rd: 5 fM in den Ring häkeln.
Faden lang abschneiden und durchziehen.

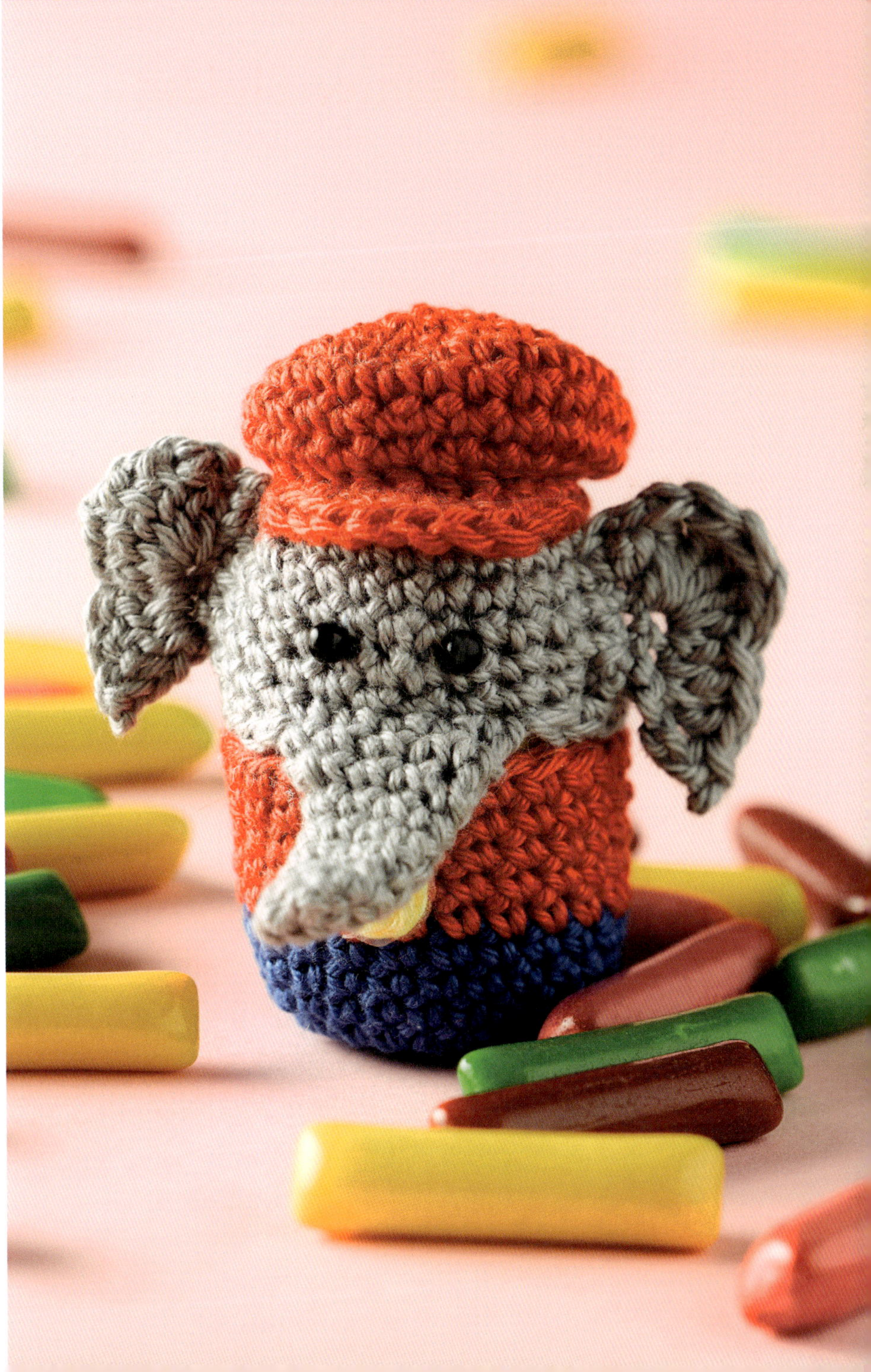

Schwänzchen

In Rauchgrau eine Lm-Kette von 4 Lm arb, den Faden lang abschneiden und durchziehen. 3 Fäden von 4 cm Länge zurechtschneiden und mit dem Endfaden der Lm-Kette einen doppelten Knoten um diese Fäden herum binden. Die Fäden auf 1 cm Länge kürzen.

Fertigstellen

Die Ohren, die Mütze, den Knopf und das Schwänzchen zuerst feststecken und dann aufnähen. Die Perlen als Augen aufnähen. Ober- und Unterteil so an der Kapsel ankleben, dass der Verbindungssteg der Kapsel auf der Rückseite ist. Mit 4 Überwendlingsstichen Ober- und Unterteil über dem Steg zusammennähen. Alle Fäden vernähen.

Niedliches Kätzchen

positiv und voller Lebensfreude

MATERIAL

- Schachenmayr Catania (LL 125 m/50 g) in Weiß (Fb 106) und Orchidee (Fb 222), je 50 g, in Cyclam (Fb 114) und Sonne (Fb 208), Reste
- 2 Perlen in Schwarz, ø 4 mm
- Stickgarn Schwarz
- Heißkleber

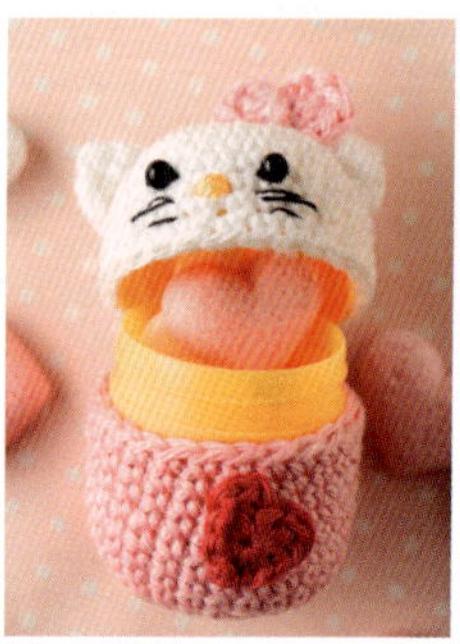

Anleitung

Alle Teile mit Ausnahme der Ohren werden in Spiral-Rd gearbeitet.

Oberteil

In Weiß einen Magic-Ring anfertigen.
1. Rd: 6 fM in den Ring häkeln (= 6 M).
2. Rd: Jede fM verdoppeln (= 12 M).
3. Rd: Jede 2. fM verdoppeln (= 18 M).
4. Rd: Jede 3. fM verdoppeln (= 24 M).
5.–8. Rd: Jeweils 24 fM häkeln.
9. Rd: 23 fM häkeln. Mit 1 Km schließen.
Faden abschneiden und durchziehen.

Unterteil

In Orchidee einen Magic-Ring anfertigen.
1. Rd: 6 fM in den Ring häkeln (= 6 M).
2. Rd: Jede fM verdoppeln (= 12 M).
3. Rd: Jede 2. fM verdoppeln (= 18 M).
4. Rd: Jede 3. fM verdoppeln (= 24 M).
5.–11. Rd: Jeweils 24 fM häkeln.
12. Rd: 23 fM häkeln. Mit 1 Km schließen.
Faden abschneiden und durchziehen.

Ohr (2x)

In Weiß 7 Lm anschl.
1. R: Ab der 3. Lm von der Nd aus 4 Stb zusammen abmaschen, 1 Lm.
Faden abschneiden und durchziehen.
Das 2. Ohr ebenso häkeln.

Schleife

In Orchidee einen Magic-Ring anfertigen.
1. Rd: * 2 Lm, 2 hStb, 2 Lm, 1 Km in den Ring häkeln, ab * noch 1x wdh.
Faden abschneiden und durchziehen.

Herzchen

In Cyclam einen Magic-Ring anfertigen.
1. Rd: 2 fM, 1 hStb, 1 Stb, 2 Lm, 1 Km, 2 Lm, 1 Stb, 1 hStb, 2 fM, 1 Km in die 1. fM der 1. Rd, 1 Lm.
Faden abschneiden und durchziehen.

Fertigstellen

Die Schleife 2x mit dem Restfaden umwickeln. Faden vernähen. Die Ohren, die Schleife und das Herzchen zuerst feststecken und dann aufnähen. Die Perlen als Augen aufnähen. Die Nase in Sonne aufsticken. Dafür 4 Schlingen um 1 M arb.
Die Schnurrhaare mit Stickgarn in Schwarz aufsticken. Ober- und Unterteil so an der Kapsel ankleben, dass der Verbindungssteg der Kapsel auf der Rückseite ist. Mit 4 Überwendlingsstichen Ober- und Unterteil über dem Steg zusammennähen. Alle Fäden vernähen.

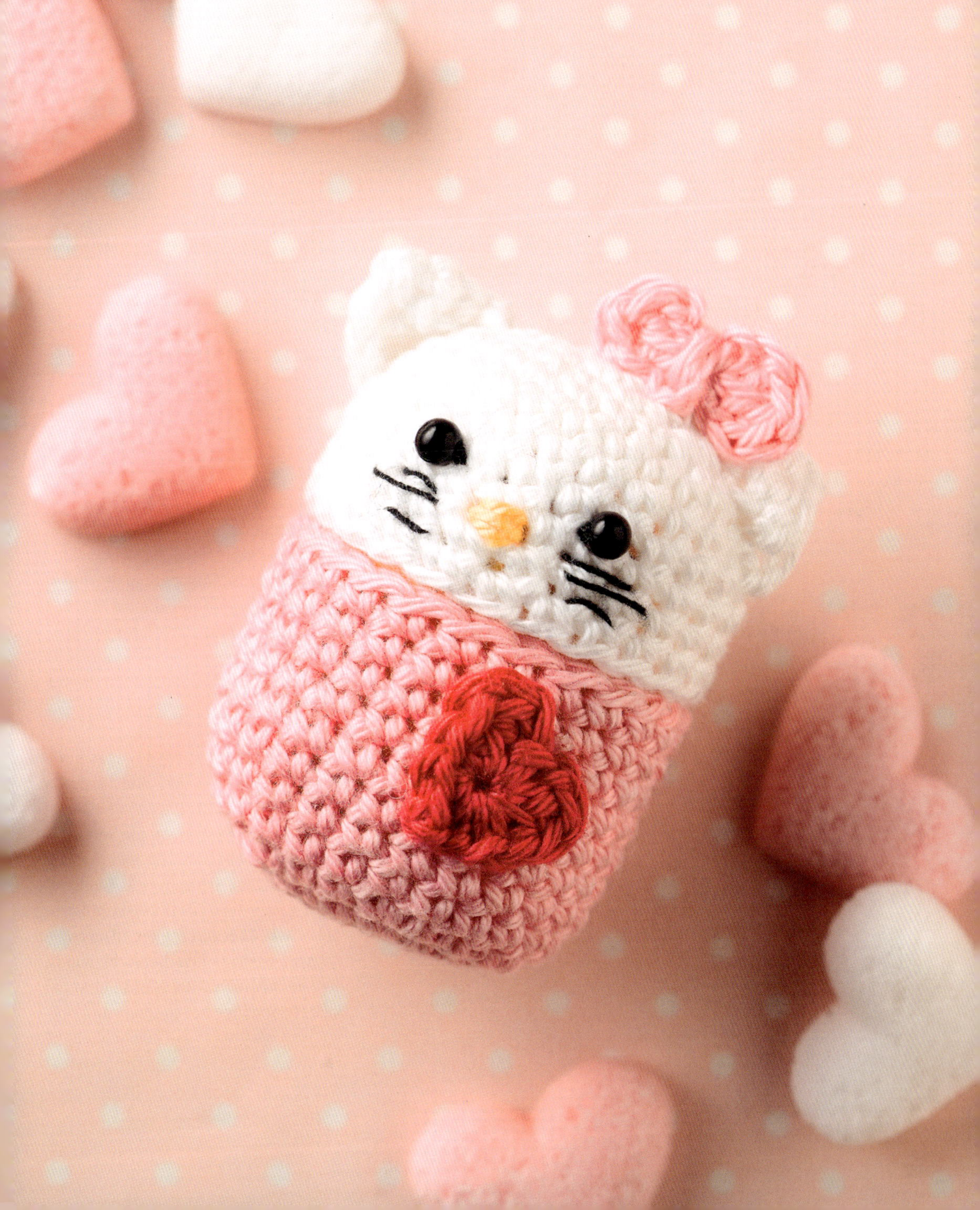

Gelber Witzbold

klein, putzig und chaotisch

MATERIAL

- Schachenmayr Catania (LL 125 m/50 g) in Sonne (Fb 208) und Capri (Fb 384), je 50 g, in Weiß (Fb 106), Schwarz (Fb 110) und Silber (Fb 172), Reste
- Häkelnadel 3,0 mm
- Perle in Schwarz, ø 4 mm
- Stickgarn in Schwarz
- Heißkleber

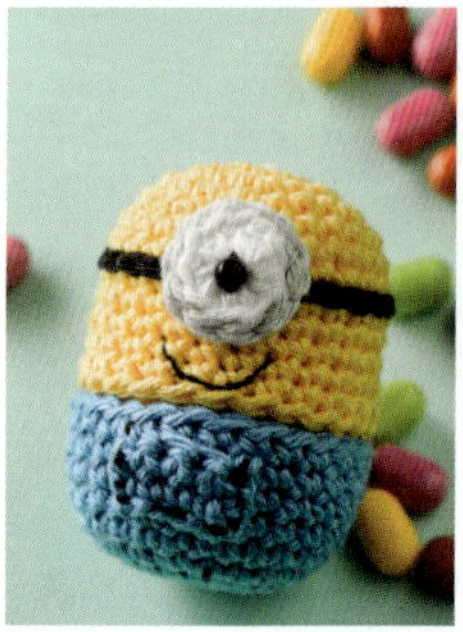

Anleitung

Alle Teile mit Ausnahme der Tasche werden in geschlossenen Rd gearbeitet. Jede Rd mit 1 Steige-Lm beginnen und 1 Km schließen. Diese M werden nicht mitgezählt.

Oberteil

(für die große Hälfte der Kapsel)

In Sonne einen Magic-Ring anfertigen.
1. Rd: 6 fM in den Ring häkeln (= 6 M).
2. Rd: Jede fM verdoppeln (= 12 M).
3. Rd: Jede 2. fM verdoppeln (= 18 M).
4. Rd: Jede 3. fM verdoppeln (= 24 M).
5.-11. Rd: Jeweils 24 fM häkeln.
12. Rd: 23 fM häkeln. Mit 1 Km schließen.
Faden abschneiden und durchziehen.

Unterteil

(für die kleine Hälfte der Kapsel)

In Capri einen Magic-Ring anfertigen.
1. Rd: 6 fM in den Ring häkeln (= 6 M).
2. Rd: Jede fM verdoppeln (= 12 M).
3. Rd: Jede 2. fM verdoppeln (= 18 M).
4. Rd: Jede 3. fM verdoppeln (= 24 M).
5.-8. Rd: Jeweils 24 fM häkeln.
9. Rd: 23 fM häkeln. Mit 1 Km schließen.
Faden abschneiden und durchziehen.

Brille

In Weiß einen Magic-Ring anfertigen.
1. Rd: 2 Lm, 9 hStb in den Ring häkeln (= 9 M).
Faden abschneiden und durchziehen.
2. Rd (Silber): 1 Lm, 9 Km in die hinteren M-Glieder.
Faden lang abschneiden und durchziehen.

Tasche

In Capri 5 Lm anschl. Weiter in R häkeln.
1. R: Ab der 2. Lm ab Nd 4 fM häkeln. Mit 1 Lm wenden.
2. R: 4 fM häkeln.
Faden lang abschneiden und durchziehen.

Schwarze Linie

In Schwarz in der 7. Rd des Oberteils anschlingen und um jeden M-Hals der 7. Rd 1 Km häkeln.

Fertigstellen

Die Brille und die Tasche zuerst feststecken und dann aufnähen. Die Perle als Auge aufnähen. Den Mund und die Naht auf der Tasche mit Stickgarn in Schwarz aufsticken. Ober- und Unterteil so an der Kapsel ankleben, dass der Verbindungssteg der Kapsel auf der Rückseite ist. Mit 4 Überwendlingsstichen Ober- und Unterteil über dem Steg zusammennähen. Alle Fäden vernähen.

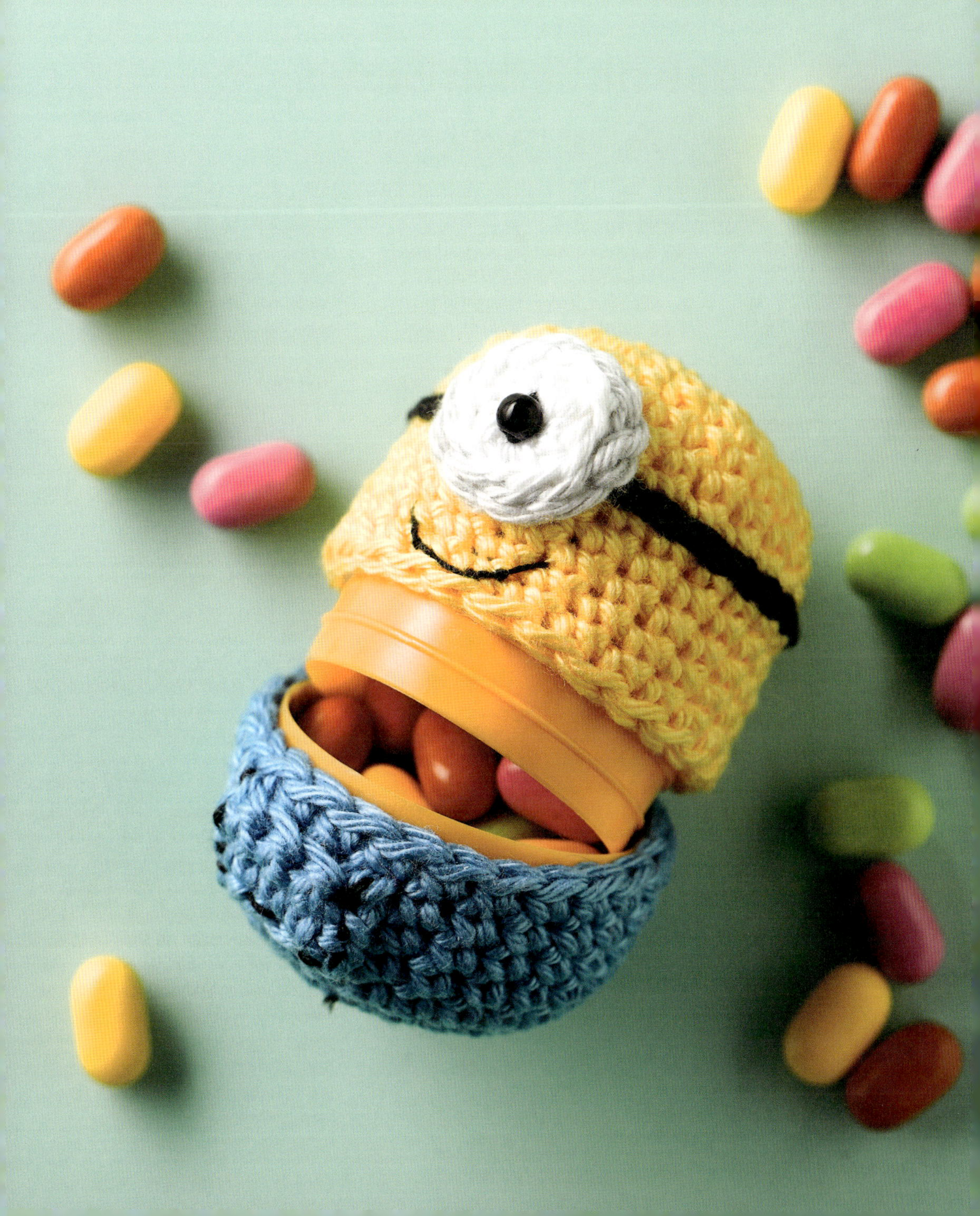

Optimistischer Schwamm

fühlt sich auf dem Meeresboden wohl

MATERIAL

- Schachenmayr Catania (LL 125 m/50 g) in Löwenzahn (Fb 280), 50 g, in Camel (Fb 179), Signalrot (Fb 115), Greenery (Fb 418), Weiß (Fb 106) und Marone (Fb 157), Reste
- Häkelnadel 3,0 mm
- 2 Perlen in Schwarz, ø 4 mm
- Stickgarn in Schwarz
- Heißkleber

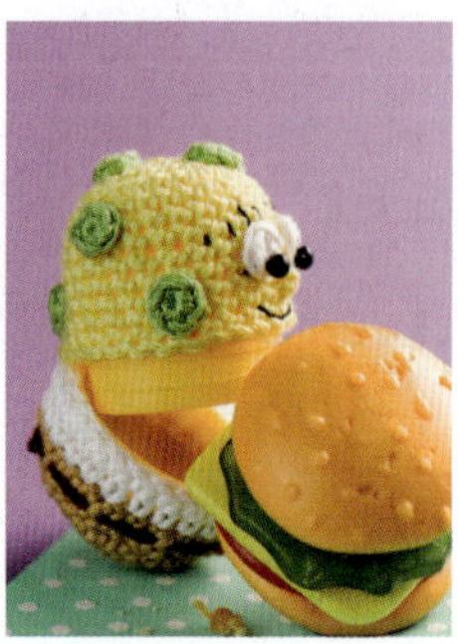

Anleitung

Alle Teile mit Ausnahme des Unterteils werden in Spiral-Rd gearbeitet.

Oberteil

(für die große Hälfte der Kapsel)

In Löwenzahn einen Magic-Ring anfertigen.
1. Rd: 6 fM in den Ring häkeln (= 6 M).
2. Rd: Jede fM verdoppeln (= 12 M).
3. Rd: Jede 2. fM verdoppeln (= 18 M).
4. Rd: Jede 3. fM verdoppeln (= 24 M).
5.-11. Rd: Jeweils 24 fM häkeln.
12. Rd: 23 fM häkeln. Mit 1 Km schließen.
Faden abschneiden und durchziehen.

Unterteil

(für die kleine Hälfte der Kapsel)

In Camel einen Magic-Ring anfertigen. Weiter in geschlossenen Rd arb. Jede Rd mit 1 Steige-Lm beginnen und 1 Km schließen.
1. Rd: 6 fM in den Ring häkeln (= 6 M).
2. Rd: Jede fM verdoppeln (= 12 M).
3. Rd: Jede 2. fM verdoppeln (= 18 M).
4. Rd: Jede 3. fM verdoppeln (= 24 M).
5.-7. Rd: Jeweils 24 fM häkeln.
Faden abschneiden und durchziehen.
8.+9. Rd (Weiß): Jeweils 24 fM häkeln.
Faden abschneiden und durchziehen.

Auge (2x)

In Weiß einen Magic-Ring anfertigen.
1. Rd: 5 fM in den Ring häkeln.
Faden lang abschneiden und durchziehen.

Kleiner Punkt (4x)

In Greenery einen Magic-Ring anfertigen.
1. Rd: 5 fM in den Ring häkeln.
Faden lang abschneiden und durchziehen.
Noch 3 weitere Punkte ebenso häkeln.

Großer Punkt (4x)

In Greenery einen Magic-Ring anfertigen.
1. Rd: 6 fM in den Ring häkeln.
Faden lang abschneiden und durchziehen.
Noch 3 weitere Punkte ebenso häkeln.

Gürtel

In Marone 30 Lm anschl. Den Faden lang abschneiden und durchziehen.

Fertigstellen

Augen und Punkte zuerst feststecken und dann aufnähen. Die Perlen als Augen aufnähen. Den Mund und die Wimpern mit Stickgarn in Schwarz aufsticken. Den Restfaden des Gürtels in die Wollnd fädeln und zwischen den senkrechten Stegen der 6. Rd des Unterteils fortlaufend über 2 M und unter 1 M durchschieben. Für die Krawatte einen ca. 15 cm langen Faden in Signalrot in die Wollnd ziehen. In der vorderen Mitte des Unterteils 3 Schlingen um 1 M führen (= Knoten). Dann 4 Schlingen über 3 Rd hinweg arb. Für die Nase in Löwenzahn 6 Schlingen um 1 M arb. Ober- und Unterteil so an der Kapsel ankleben, dass der Verbindungssteg der Kapsel auf der Rückseite ist. Mit 4 Überwendlingsstichen Ober- und Unterteil über dem Steg zusammennähen. Alle Fäden vernähen.

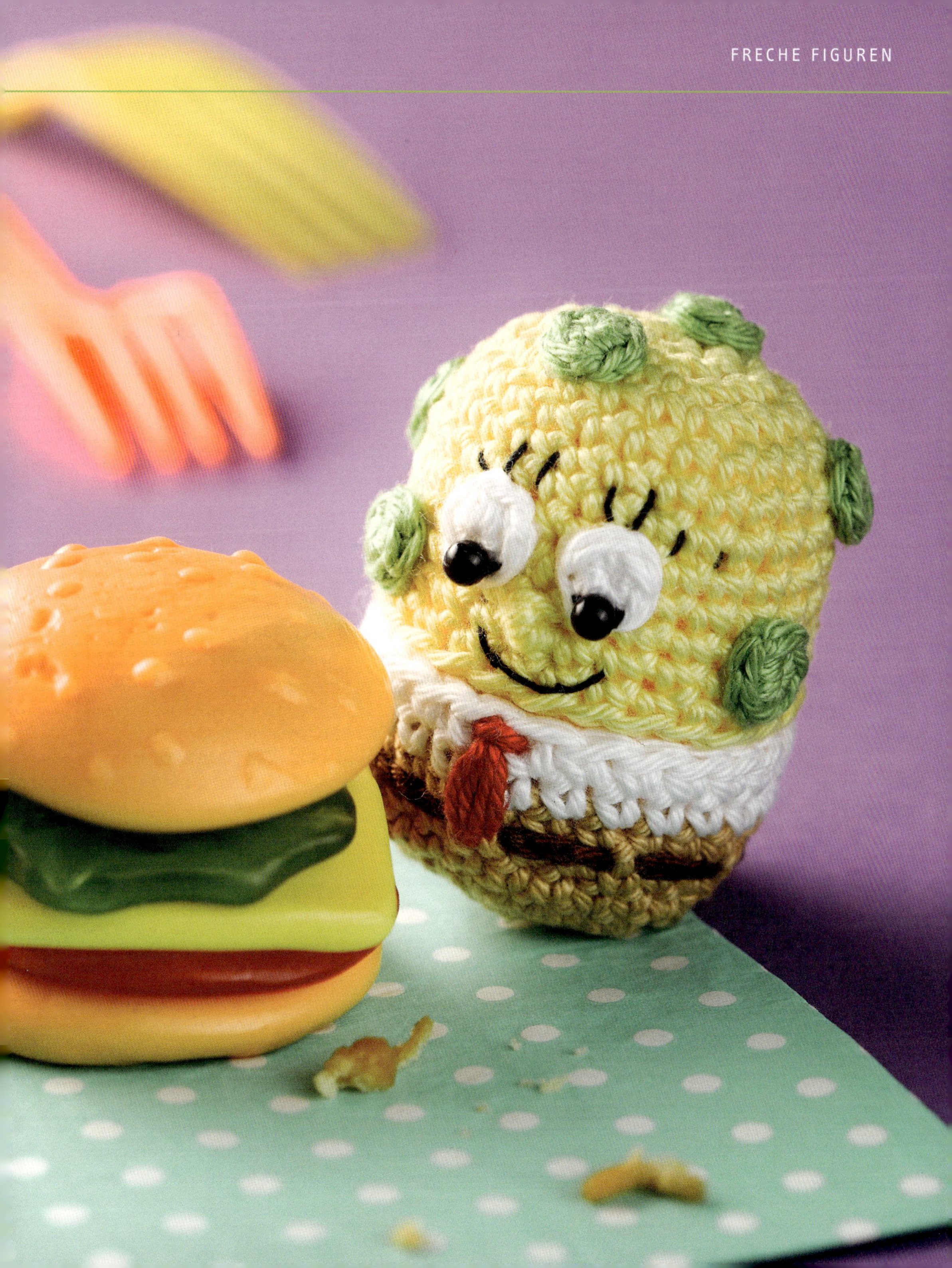

Zwergendame in Pink

herrscht über Trolle

MATERIAL

- Schachenmayr Catania (LL 125 m/50 g) in Cyclam (Fb 114), Pink (Fb 225) und Pfau (Fb 146), je 50 g, in Türkis (Fb 397), Rest
- Häkelnadel 3,0 mm
- 2 Perlen in Schwarz, ø 3 mm
- Stickgarn in Schwarz
- Heißkleber

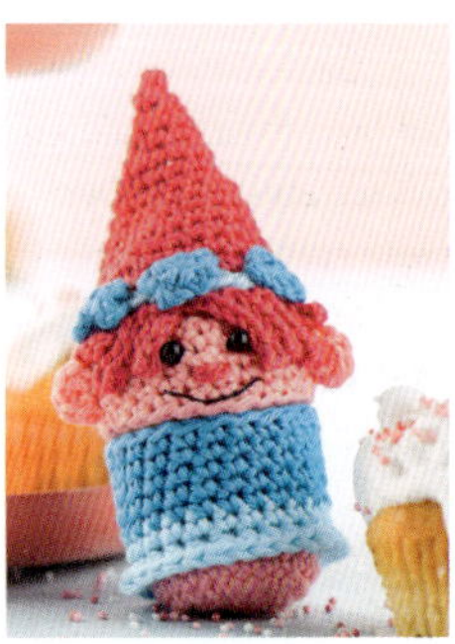

Anleitung

Alle Teile werden in Spiral-Rd gearbeitet.

Oberteil

In Pink einen Magic-Ring anfertigen.
1. Rd: 6 fM in den Ring häkeln (= 6 M).
2. Rd: Jede fM verdoppeln (= 12 M).
3. Rd: Jede 2. fM verdoppeln (= 18 M).
4. Rd: Jede 3. fM verdoppeln (= 24 M).
5.-8. Rd: Jeweils 24 fM häkeln.
9. Rd: 23 fM häkeln. Mit 1 Km schließen.
Faden abschneiden und durchziehen.

Unterteil

In Pink einen Magic-Ring anfertigen.
1. Rd: 6 fM in den Ring häkeln (= 6 M).
2. Rd: Jede fM verdoppeln (= 12 M).
3. Rd: Jede 2. fM verdoppeln (= 18 M).
4. Rd: Jede 3. fM verdoppeln (= 24 M).
5. Rd: 24 fM häkeln.
Faden abschneiden und durchziehen.
6. Rd (Türkis): 24 fM häkeln.
7. Rd: 24 Relief-fM von hinten häkeln.
8. Rd: 24 fM häkeln.
Faden abschneiden und durchziehen.
6.-11. Rd (Pfau): 24 fM häkeln.
12. Rd: 23 fM häkeln. Mit 1 Km schließen.
Faden abschneiden und durchziehen.
In der 7. Rd in Türkis neu anschlingen.
In das „V“ der Relief-fM der 7. Rd * 1 fM, 1 fM verdoppeln, ab * noch 11x wdh (= 36 M).
Faden abschneiden und durchziehen.

Ohr (2x)

In Pink einen Magic-Ring anfertigen.
1. Rd: 6 fM in den Ring häkeln. Zum Halbkreis zusammenziehen.
Faden lang abschneiden und durchziehen.
Das 2. Ohr ebenso häkeln.

Haare

In Cyclam 27 Lm anschl und mit 1 Km zur Rd schließen.
1.-3. Rd: 27 fM häkeln.
2. Rd: Jede 8. und 9. fM zusammen abmaschen (= 24 M).
3. Rd: 24 fM häkeln.
4. Rd: Jede 7. und 8. fM zusammen abmaschen (= 21 M).
5. Rd: Jede 6. und 7. fM zusammen abmaschen (= 18 M).
6. Rd: Jede 8. und 9. fM zusammen abmaschen (= 16 M).
7. Rd: Jede 7. und 8. fM zusammen abmaschen (= 14 M).
8. Rd: Jede 6. und 7. fM zusammen abmaschen (= 12 M).
9. Rd: 12 fM häkeln.
10. Rd: Jede 3. und 4. fM zusammen abmaschen (= 9 M).
11. Rd: 9 fM häkeln.
12. Rd: Jede 2. und 3. fM zusammen abmaschen (= 6 M).
Faden abschneiden und durchziehen.
Das Teil mit der Spitze nach unten drehen.
In der 1. M der Anschlags-Lm-Kette in Cyclam neu anschlingen und weitere Strähnen in die 27 M der 1. Rd arb.
Zunächst 8 fM häkeln.
1. Strähne: 1 fM, 2 Lm, 1 Km in 2. Lm ab Nd, 1 Km in dieselbe M wie die 1. fM.

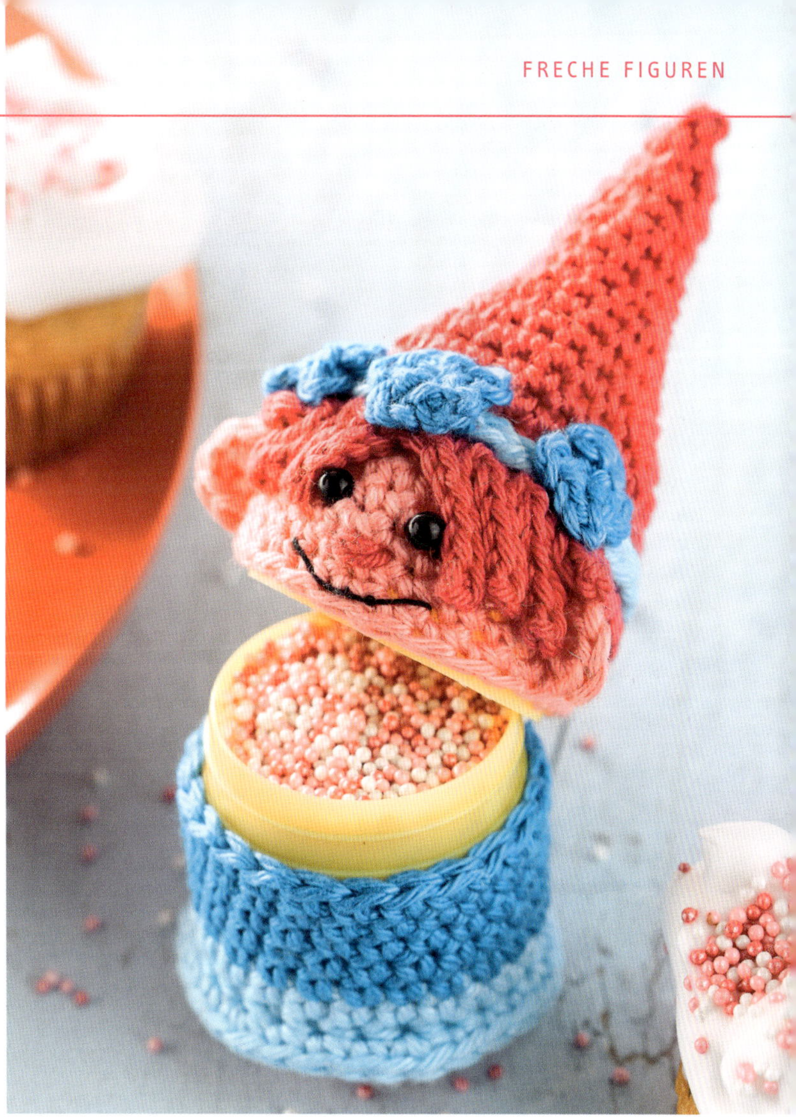

2. Strähne: 1 fM, 3 Lm, 2 Km auf die Lm-Kette, 1 Km in dieselbe M wie die 1. fM.
3.+4. Strähne: 1 fM, 5 Lm, 4 Km auf die Lm-Kette, 1 Km in dieselbe M wie die 1. fM.
Mittelscheitel: 1 fM häkeln.
5. Strähne: 1 fM, 6 Lm, 5 Km auf die Lm-Kette, 1 Km in dieselbe M wie die 1. fM.
6.+7. Strähne: 1 fM, 5 Lm, 4 Km auf die Lm-Kette, 1 Km in dieselbe M wie die 1. fM.
8. Strähne: 1 fM, 3 Lm, 2 Km auf die Lm-Kette, 1 Km in dieselbe M wie die 1. fM.
9. Strähne: 1 fM, 2 Lm, 1 Km in 2. Lm ab Nd, 1 Km in dieselbe M wie die 1. fM.
Zum Schluss 9 fM häkeln.
Faden abschneiden und durchziehen.

Große Blume

In Pfau einen Magic-Ring anfertigen.
* 3 Lm, 1 Km in den Ring, ab * noch 4x wdh.
Faden lang abschneiden und durchziehen.

Kleine Blume (2x)

In Pfau einen Magic-Ring anfertigen.
* 3 Lm, 1 Km in den Ring, ab * noch 3x wdh.
Faden lang abschneiden und durchziehen.
Die 2. Blume ebenso häkeln.

Haarband

Mit doppeltem Faden in Türkis 27 Lm anschl. Faden abschneiden und durchziehen.

Fertigstellen

Haare und Ohren annähen. Die Perlen als Augen aufnähen. Das Haarband auf die Haare nähen, die große Blume über dem Mittelscheitel auf das Haarband nähen, die beiden kleinen Blumen rechts und links davon annähen. In Cyclam die Nase aufsticken. Den Mund in Schwarz aufsticken. Ober- und Unterteil so an der Kapsel ankleben, dass der Verbindungssteg der Kapsel auf der Rückseite ist. Mit 4 Überwendlingsstichen Ober- und Unterteil über dem Steg zusammennähen. Alle Fäden vernähen.

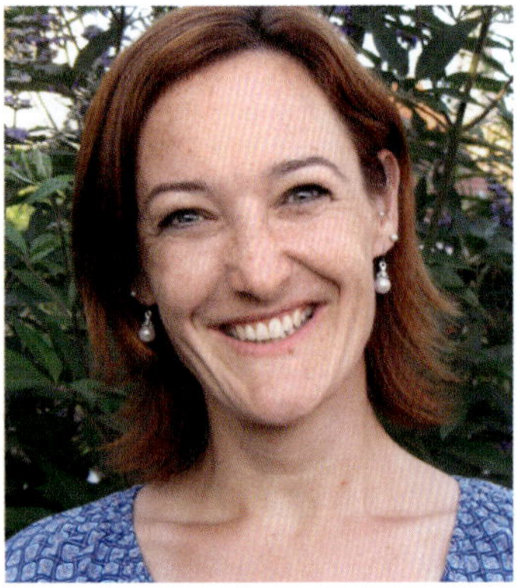

Melanie Czerny wurde im Neckar-Odenwald-Kreis geboren und lebt bis heute mit Mann, Kindern und Hund dort in einem kleinen Örtchen. Als Ausgleich zu ihrem Beruf interessierte sie sich schon immer für kreative Arbeiten aller Art. Ihre Leidenschaft fürs Häkeln hat sie entdeckt, als sie zuerst Mützen und dann Kuscheltiere nach den Wünschen ihrer Tochter gehäkelt hat. Mit viel Liebe zum Detail entwirft sie seit 2017 Anleitungen für den Frechverlag und kann so ihre Begeisterung für das Hobby Häkeln mit anderen teilen. Auf instagram findet man ihre Ideen rund ums Häkeln und Basteln unter @melrosie_kunterbunt

DANKE!

Wir danken der Firma MEZ GmbH für die Unterstützung bei diesem Buch:
www.schachenmayr.com
www.mezcrafts.com

MIX
Papier | Fördert gute Waldnutzung
FSC® C106600

Penguin Random House Verlagsgruppe
FSC® N001967

TOPP – Unsere Servicegarantie

WIR SIND FÜR SIE DA! Bei Fragen zu unserem umfangreichen Programm oder Anregungen freuen wir uns über Ihren Anruf oder Ihre Post. Loben Sie uns, aber scheuen Sie sich auch nicht, Ihre Kritik mitzuteilen – sie hilft uns, ständig besser zu werden.

Bei Fragen zu einzelnen Materialien oder Techniken wenden Sie sich bitte an unseren Kreativservice, Frau Erika Noll.

mail@kreativ-service.info
Telefon 07 11/12 37 57 20

Das Produktmanagement erreichen Sie unter:

pm@frechverlag.de
oder:
frechverlag
Produktmanagement
Dieselstraße 5
70839 Gerlingen
Telefon 07 11/8 30 86 68

LERNEN SIE UNS BESSER KENNEN! Fragen Sie Ihren Hobbyfach- oder Buchhändler nach unserem kostenlosen Magazin **Meine kreative Welt**. Darin entdecken Sie dreimal im Jahr die neuesten Kreativtrends und interessantesten Buchneuheiten.

Oder besuchen Sie uns im Internet! Unter **www.topp-kreativ.de** können Sie sich über unser umfangreiches Buchprogramm informieren, unsere Autoren kennenlernen sowie aktuelle Highlights und neue Kreativtechniken entdecken, kurz – die ganze Welt der Kreativität.

Kreativ immer up to date sind Sie mit unserem monatlichen **Newsletter**. Für aktuelle Infos, Gratis-Anleitungen und Gewinnspiele gleich anmelden unter **www.TOPP-kreativ.de/Newsletter**

IMPRESSUM

FOTOS: frechverlag GmbH, 70839 Gerlingen; lichtpunkt, Michael Ruder, Stuttgart, Melanie Czerny (alle Arbeitsschritte)

PRODUKTMANAGEMENT: Claudia Mack

LEKTORAT: Petra Puster, Niederpöcking

GESTALTUNG: Petra Theilfarth

DRUCK: DZS GRAFIK, SLOWENIEN

2. Auflage 2024

ISBN 978-3-7358-7110-7 • Best.-Nr. 27110